Jäckel

Der zivilrechtliche Aktenvortrag im Assessorexamen

Der zivilrechtliche Aktenvortrag im Assessorexamen

von

Dr. Holger Jäckel
Richter am Landgericht

4. Auflage 2016

C.H.BECK

www.beck.de

ISBN 978 3 406 69484 4

Wilhelmstraße 9, 80801 München
Druck: Druckhaus Nomos
In den Lissen 12, 76547 Sinzheim

Satz: DTP-Vorlagen des Autors

Gedruckt auf säurefreiem, alterungsbeständigem Papier
(hergestellt aus chlorfrei gebleichtem Zellstoff)

Vorwort

Konzeption der Reihe „JuraKompakt“ ist es, Lernenden einen schnellen Zugriff auf prüfungsrelevantes Wissen zu ermöglichen. Beim Aktenvortrag, der in nahezu allen Bundesländern die mündliche Assessorprüfung eröffnet, ist juristisches Fachwissen zweifellos auch gefragt. Noch bedeutsamer ist aber die überzeugende Präsentation der gefundenen Lösung. Prüfungsrelevant sind hier mehr die persönlichen Fähigkeiten der mündlichen Darstellung, Hindernisse bilden bspw. Nervosität und falsche Schwerpunktsetzung.

Das vorliegende Buch will die gezielte Vorbereitung auf den Aktenvortrag mit Empfehlungen und Hinweisen begleiten. Diese Tipps stehen auch in der 4. Auflage im Vordergrund und werden mit zahlreichen Formulierungsbeispielen illustriert. Da die Formulierung aber weitgehend Teil des persönlichen Stils ist, dienen die Vorschläge lediglich der Orientierung und erheben keinen Anspruch auf Ausschließlichkeit. Es gibt ohnehin nur wenige bindende Regeln. Meist handelt es sich um aus der Erfahrung gewonnene Ratschläge. Der zivilrechtliche Band hat sich ebenso etabliert wie die Parallelwerke zu den anderen Rechtsgebieten (*Jäckel/Schneider*, Der strafrechtliche Aktenvortrag im Assessorexamen; *Kerst*, Der öffentlich-rechtliche Aktenvortrag im Assessorexamen), so dass jeder Kandidat ein fachspezifisches Hilfsmittel zur Hand hat.

Für diese Neuauflage habe ich den Übungsfall 2 aus dem Schlusskapitel vollständig neu erstellt (Rn. 122). Weiteres Übungsmaterial wird jede/r Referendar/in in Büchern, Skripten und Ausbildungszeitschriften problemlos finden.

Sicherlich bringen Gesetzeslage und Prüfungspraxis in 15 Bundesländern zahlreiche regionale Unterschiede hervor, die hier nicht alle wiedergegeben worden sind. Insoweit bin ich für Hinweise und Ergänzungen weiterhin dankbar (E-Mail: *Jaeckel-Holger@bgh.bund.de*).

Nürnberg/Karlsruhe, Februar 2016 *Dr. Holger Jäckel*

Inhaltsverzeichnis

Literaturverzeichnis

Anders, Monika/ Gehle, Burkhard .... Das Assessorexamen im Zivilrecht, 12. Aufl. 2015

Balzer, Christian .... Das Urteil im Zivilprozess, 2. Aufl. 2007

Balzer, Christian/ Forsen, Klaus .... Relations- und Urteilstechnik, Aktenvortrag, 6. Aufl. 1989

Budde-Hermann, Constanze/ Schöneberg, Birgit .... Der Kurzvortrag im Assessorexamen, Zivilrecht, 6. Aufl. 2009

Elzer, Oliver/Lemmel, Ulrike/ Schiller, Gernot/ Westphal, Karsten/ Zivier, Ezra .... Sicher durch das 2. Staatsexamen, 2010

Metzig, Werner/ Schuster, Martin .... Prüfungsangst und Lampenfieber, 3. Aufl. 2006

Musielak, Hans-Joachim/ Voit, Wolfgang (Hrsg.) .... Zivilprozessordnung, Kommentar, 12. Aufl. 2015

Pagenkopf, Martin/Pagenkopf, Oliver/ Rosenthal, Axel Der Aktenvortrag im Assessorexamen, 4. Aufl. 2010

Palandt, Otto (Begr.) .... Bürgerliches Gesetzbuch, 75. Aufl. 2016

Patett, Werner .... Die praktische Kunst des praktischen juristischen Aktenvortrags, 2007, Band I und II

Rosenberger, Rainer/ Solbach, Günter/ Wahrendorf, Volker............. Der Aktenvortrag im Zivilrecht, Strafrecht und Öffentlichen Recht, 4. Aufl. 2004

Schneider, Egon/ Teubner, Ernst .... Typische Fehler in Gutachten und Urteil einschließlich Akten-Kurzvortrag, 3. Aufl. 1990

Schuschke, Winfried/ Kessen, Marin/ Höltje, Björn........................ Zivilrechtliche Arbeitstechnik im Assesorexamen, 35. Aufl. 2013

Teubner, Ernst .... Der Aktenkurzvortrag in der Zweiten juristischen Staatsprüfung im Bürgerlichen Recht, 1995

Theesfeld, Claudia .... Der Aktenvortrag im Zivilrecht, 3. Aufl. 2009

Thomas, Heinz/ Putzo, Hans (Begr.) .... Zivilprozessordnung, Kommentar, 36. Aufl. 2015

Kapitel 1. Grundlagen

A. Gesetzliche Regelungen

In allen Bundesländern – mit Ausnahme von Bayern – ist vorgesehen, dass zu Beginn des mündlichen Teils der Zweiten juristischen Staatsprüfung ein Kurzvortrag gehalten werden muss. In Berlin/Brandenburg hat man die Bezeichnung „berufspraktischer Teil" gewählt. Die rechtlichen Grundlagen finden sich in den nachfolgenden Vorschriften der einzelnen Justizausbildungs-/prüfungsordnungen: 1

Baden-Württemberg	§ 53 II–V JAPrO
Berlin/Brandenburg	§ 29 I JAO
Bremen/Hamburg/ Schleswig-Holstein	§ 16 III–IV JurPrAmtÜbk
Hessen	§ 50 JAG, § 33 IV JAO
Mecklenburg-Vorpommern	§ 50 II–V JAPO
Niedersachsen	§ 39 I, II NJAVO
Nordrhein-Westfalen	§§ 15 IV, 55 JAG NRW, § 37 JAO
Rheinland-Pfalz	§ 7 III JAG, § 40 III JAPO
Saarland	§ 29 II JAG
Sachsen	§ 49 I, III SächsJAPO
Sachsen-Anhalt	§ 49 II, III JAPrVO
Thüringen	§ 49 II–IV ThürJAPO

Die **Vorbereitungszeit** liegt zum Teil bei 60 Minuten, in Baden-Württemberg beträgt sie 75 Minuten, in Bremen, Hamburg, Mecklenburg-Vorpommern, Rheinland-Pfalz, Schleswig-Holstein und Thüringen sind 90 Minuten vorgesehen. Das zu bearbeitende Aktenstück wird zu Beginn dieser Vorbereitungszeit ausgehändigt. 2

Die **Vortragsdauer** ist in vielen Bundesländern durch Verordnung geregelt, teilweise nur durch Hinweise der Prüfungsämter. Sie beträgt ganz überwiegend zehn Minuten; in Nordrhein-Westfalen handelt es sich um eine Solldauer, die Grenze liegt bei zwölf Minuten.[1]

---

[1] Weisungen für den Aktenvortrag des nordrhein-westfälischen Justizministeriums.

Keine einheitlichen Regelungen bestehen hinsichtlich des **Rechtsgebietes**, dem der Aktenvortrag entstammt. Teilweise wird an das Wahlfach bzw. die Wahlstation des Kandidaten angeknüpft, so in Niedersachsen, Hessen und Rheinland-Pfalz; teilweise obliegt die Auswahl dem Justizprüfungsamt und wird dem Prüfling mit der Ladung bekannt gegeben. In Baden-Württemberg und Sachsen kann der Referendar das Rechtsgebiet selbst wählen.

3 Einige Prüfungsordnungen sehen ein anschließendes **Vertiefungsgespräch** von maximal fünf Minuten vor (Berlin/Brandenburg, Bremen/Hamburg/Schleswig-Holstein, Niedersachsen, Thüringen), andere schließen derartiges ausdrücklich aus (Nordrhein-Westfalen, Sachsen-Anhalt).

Diese anschließenden Nachfragen geben keinen allgemeingültigen Hinweis darauf, ob die Prüfer mit dem Vortrag einverstanden waren oder einzelne Punkte zu bemängeln hatten.[2] Vielmehr soll häufig nur hinterfragt werden, welche Gedanken sich der Kandidat gemacht hatte oder wie bei einem anderen denkbaren Lösungsweg zu verfahren wäre. Es können aber auch Zusatzthemen besprochen werden, die mit der Vortragsakte oder dem betreffenden Schwerpunktbereich zusammenhängen.[3] Gute Prüflinge können hierbei einen positiven Eindruck noch untermauern und sollten sich jedenfalls nicht verunsichern lassen.

B. Zweck und Bedeutung des Aktenvortrags

I. Berufspraktischer Hintergrund

4 Der Aktenvortrag ist vom Standpunkt des den Fall bearbeitenden Praxisjuristen zu halten, welcher die dem Zuhörer noch unbekannte Sache in einer Beratung vorstellt.[4] Klassischerweise wird vom **Berichterstatter innerhalb eines kollegialen Spruchkörpers** – insbesondere einer Kammer am Landgericht – ausgegangen, der den anderen Kollegen den zur Entscheidung anstehenden Fall näher bringt.[5] Insbesondere der mit dem Fall nicht vertraute weitere Beisitzer ist entscheidend davon abhängig, was und wie ihm der Berichterstatter vorträgt.

---

[2] *Knappmann* JA 1983, 643 (644).

[3] *Diercks-Harms* JA 2007, 285 (290).

[4] Weisungen für den Aktenvortrag des nordrhein-westfälischen Justizministeriums.

[5] Anders ist es bei den Kurzvorträgen im Ersten Staatsexamen, denen ein abstrakter Fall oder eine Wissensfrage zugrunde liegt; vgl. hierzu *Augsberg/Büßer*, Der Kurzvortrag im Ersten Examen – Zivilrecht, 3. Aufl., 2015.

Entsprechend der Schwerpunktsetzung innerhalb der Juristenausbildung gewinnt die **Perspektive des Rechtsanwalts** an Bedeutung. In Niedersachsen hat dies zur Folge, dass nur noch Vorträge mit anwaltlicher Aufgabenstellung geprüft werden (§ 39 I NJAVO). Auch aus anderen Bundesländern sind derartige Fälle bekannt. Generell kann sich aber in allen juristischen Berufszweigen die Aufgabe stellen, zu einem praktischen Rechtsfall nach kurzer Vorbereitung die eigene Auffassung verbunden mit einem kurzen Vorschlag darzulegen.[6] Es geht also um die Simulation einer alltäglichen Situation und um das Aufzeigen juristischer Berufsqualifizierung.[7] Denn die Notwendigkeit schneller Entscheidungsfindung kennzeichnet bspw. die richterliche Tätigkeit in erster Instanz.[8]

In einigen Ländern ist das Ziel dieses Kurzvortrags sogar gesetzlich umschrieben. So heißt es in **Thüringen** (§ 49 III ThürJAPO):

Der Aktenvortrag dient der Feststellung, ob der Rechtsreferendar fähig ist, in beschränkter Zeit für einen Entscheidungsvorgang unter Darstellung der entscheidungserheblichen Gesichtspunkte einen Vorschlag für die zu treffenden rechtlichen Maßnahmen in den Formen der Rechtspraxis zu machen und verständlich und überzeugend begründet vorzutragen.[9]

Und für das **Saarland** gilt (§ 29 II 4 JAG):

Der Aktenvortrag soll der Rechtsreferendarin/dem Rechtsreferendar Gelegenheit geben, in freier Rede den Inhalt von Akten verständlich darzulegen, ihn korrekt unter die gesetzlichen Tatbestände zu subsumieren und eine wohl durchdachte und gerechte Entscheidung zu fällen.

Diese Vorgaben sind überregional verallgemeinerungsfähig und sollten deshalb allen Kandidaten bewusst sein. Überall haben die Landesbehörden zusätzliche **Hinweise oder Weisungen** herausgegeben, die im Internet über die Seiten der Justizprüfungsämter abgerufen werden können. In Hessen, Niedersachsen und Sachsen-Anhalt gibt es spezifische Hinweise für den zivilrechtlichen Aktenvortrag. Hierüber muss sich der Prüfling rechtzeitig informieren.

Der rechnerische Anteil des Aktenvortrags an der Examensgesamtnote ist davon abhängig, wie viele Aufsichtsarbeiten (Klausuren) zu schreiben sind und aus wie vielen Teilen sich das mündliche Prüfungsgespräch zusammensetzt. Je nach Bundesland liegt dieser Anteil zwischen 6% und 16%.[10]

---

6 *Riedel* JA 2001, 314 (317).

7 *Rosenberger/Solbach/Wahrendorf*, S. 1.

8 *Teubner*, S. 1.

9 Ganz ähnlich lautet die Formulierung in § 50 II HessJAG.

10 Ausbildungsstatistik des Bundesamtes für Justiz (Stand: Oktober 2014).

II. Psychologische Bedeutung

5 Die Bedeutung des Aktenvortrags geht aber über die prozentuale Gewichtung bei der Ermittlung der Gesamtnote hinaus und betrifft den Bereich der Psychologie.

Einerseits geht es um das Auftreten und den Eindruck, den der Kandidat vermittelt. Sie können durchaus den weiteren Prüfungsverlauf beeinflussen.[11] Denn bei aller gebotenen Objektivität sind Prüfer auch nur Menschen und zeigen sich in vielen Fällen durchaus wohlwollend.[12] Hierdurch kann sich die faktische Gewichtung des Aktenvortrags erhöhen. Dieser Aspekt sollte aber nicht überbeansprucht werden. Denn eine deutlich von der Fokussierung auf die einzelne Prüfungsleistung abweichende Bewertungspraxis wäre nicht regelgerecht.[13]

6 Darüber hinaus vermag ein gelungener Aktenvortrag dem Referendar eine gewisse Sicherheit für die nachfolgenden Prüfungsgespräche zu vermitteln. Umgekehrt weiß ein erfahrener Prüfer, dass die Kandidaten unter Anspannung stehen und wird ihnen nach einem missglückten Vortrag zu etwas mehr Sicherheit verhelfen wollen.

Entsprechend sollte der Referendar, der nach seiner subjektiven Einschätzung weniger gut vorgetragen hat, den Kopf nicht in den Sand stecken und sich voll auf die anschließenden Prüfungsgespräche konzentrieren.[14]

---

[11] *Budde-Hermann/Schöneberg*, S. 1; *Menne* JuS 1999, 854; a.A. aber *Riedel* JA 2001, 314 (318).

[12] *Diercks-Harms* JA 2007, 285 (290).

[13] *Riedel* JA 2001, 314 (318).

[14] *Budde-Hermann/Schöneberg*, S. 1.

Kapitel 2. Vorbereitung auf den Aktenvortrag

A. Notwendigkeit der Vorbereitung

Aus der Bedeutung des Aktenvortrags für die mündliche Examensprüfung folgt, dass eine **planmäßige und intensive Vorbereitung** unumgänglich ist. Denn wie bei vielem gilt auch hier: Übung macht den Meister. Und viele der Fähigkeiten, die einen gelungenen Vortrag ausmachen, lassen sich trainieren. Je vertrauter eine Situation ist und je öfter sie sich wiederholt hat, desto selbstsicherer reagiert man darauf. Außerdem trägt es zur Selbstermutigung bei, wenn ein Vortrag häufiger gelingt. 7

Wegen der vorgegebenen Struktur des Aktenvortrags, weiß der Referendar bei diesem Teil des Examens am ehesten, was auf ihn zukommt und womit er überzeugen kann. Kein anderer Teil der Prüfung ist daher einem so effektiven Training zugänglich.[15] Wer diese Möglichkeit nicht wahrnimmt, handelt mindestens grob fahrlässig.

Insbesondere ein frei gehaltener Vortrag verlangt ein hohes Maß an Routine.[16] Ferner lässt sich das Risiko minimieren, durch unbekannte Aufgabenstellungen überrascht zu werden.[17] Die Übung sollte daher nicht erst nach den Examensklausuren während der Wahlstation einsetzen.

Bei der zeitnahen Vorbereitung auf die mündliche Prüfung wird man das Schwergewicht nicht mehr auf den Aktenvortrag legen können.[18] Hier wollen das Wahlfach vertieft und die Kernfächer aufgefrischt sein. Folglich muss die Vorbereitung **so früh wie möglich** während des Referendariats beginnen.

In einigen Bundesländern gehören Kurzvorträge zum Pflichtprogramm der Stations-Arbeitsgemeinschaften oder der Einzelausbildung, so dass sich hier die ersten Erfahrungen sammeln lassen. Manche AG-Leiter arbeiten mit Videotechnik und ermöglichen es den Referendaren, sich quasi selbst zu beobachten und sich ihrer möglichen Stärken und Schwächen bewusst zu werden.

---

[15] *Proppe* JA 1995, 409 (410).

[16] *Möllers* JA 2006, 156 (158).

[17] *v. Hartz/Streiter* JuS 2001, 790 (792); *Rosenberger/Solbach/Wahrendorf*, S. 9 f.

[18] So aber *Menne* JuS 1999, 854; *Schleif* JA 2007, 716; wie hier *Pagenkopf/Pagenkopf/Rosenthal*, S. 15.

B. Art und Umfang der Vorbereitung

8 Gelegenheiten zur Übung bieten sich vor allem in Beratungen bei Gericht, Staatsanwaltschaft und Verwaltung. Wenn es nicht ohnehin gefordert wird, kann man seinem Ausbilder anbieten, anhand einer Originalakte vorzutragen. Derlei Möglichkeiten sind aber nicht ausreichend. Es ist daher dringend zu empfehlen, innerhalb einer **privaten Arbeitsgruppe** aus drei oder vier Teilnehmern regelmäßig Aktenvorträge einzuüben.[19]

Dies kann bspw. dergestalt geschehen, dass abwechselnd ein Referendar ein Aktenstück kopiert, zur Verfügung stellt und ein oder mehrere Kollegen den Vortrag **unter realistischen Bedingungen** (Zeitlimit, Hilfsmittel) halten. Sodann sollten eine kritische Besprechung und eine ausreichend lang bemessene Nachbearbeitung in der Gruppe erfolgen.[20]

Nur auf diese Weise lernt der Einzelne, Fehler und Fehlerquellen zu erkennen, ein Zeitgefühl zu entwickeln und seinen Stil zu vervollkommnen. Vor allem werden die Kunst der freien Rede und das Behalten des „roten Fadens“ trainiert. Am sinnvollsten konzentriert sich einer der Zuhörer auf rhetorische Elemente (Körperhaltung, Sprache, Wortwahl, Blickrichtung etc.), während die anderen – vor allem derjenige, der die Aufgabe gestellt hat – den rechtlichen Inhalt (Struktur, Verständlichkeit, überzeugende Argumente) im Augen behalten.[21]

Die Übungsgruppe wird sich während des Referendariats einmal wöchentlich treffen müssen, in der Endphase der Vorbereitung auf die mündliche Prüfung sogar zweimal.

Auf körperliche und rhetorische Elemente sowie auf Verständlichkeit vermag im Übrigen auch ein Nicht-Jurist als Zuhörer zu achten, zumal er fachlich weniger „vernebelt“ ist.

Es liegt in der Natur der Sache, dass dem Vortragenden selbst oft nicht bewusst ist, wie die Lautstärke und das Tempo seiner Darbietung sowie die Aussprache auf Zuschauer wirken. Auch hierüber sollten ihm die Mitstreiter eine ehrliche Rückmeldung geben. Ebenso unabdingbar ist es, auf die Einhaltung der Formalien zu achten. Mit der Zeit gehen bestimmte Formulierungen und Prüfungsschritte in Fleisch und Blut über und es sinkt die Gefahr, dass sie unter Anspannung einmal vergessen werden.

---

[19] *Elzer/Lemmel/Schiller/Westphal/Zivier*, S. 213, mit Anregungen zur Organisation der Arbeitsgruppe.

[20] *Menne* JuS 1999, 854 (855).

[21] *v. Hartz/Streiter* JuS 2001, 790 (792); *Elzer/Lemmel/Schiller/Westphal/Zivier*, S. 213 f.

Für derartige Übungsgruppen findet sich in Ausbildungszeitschriften und -büchern ein Fundus an geeignetem **Fallmaterial** mit didaktischen Hinweisen, insbesondere im Zivilrecht. Es sollte darauf geachtet werden, dass sie der jeweils gültigen Rechtslage entsprechen. Das nordrhein-westfälische Prüfungsamt hält auf seinen Internetseiten eine Reihe von Originalfällen zum Herunterladen bereit.[22] **9**

In diesem Buch werden dem Leser **fünf Fallbeispiele** mit ergänzenden Hinweisen geboten.[23] Stets gilt dabei, dass die Lösungsvorschläge einen Anhaltspunkt bieten, der keinen Anspruch auf Ausschließlichkeit erhebt und gelegentlich sicher auch zur Diskussion innerhalb der Arbeitsgruppe anregt. Es wird empfohlen, dass jeder Kandidat die in seinem Bundesland gültige Dauer der Vorbereitungszeit zugrunde legt.

Besonders engagierte Referendare versuchen vielleicht einmal, aus einem bearbeiteten Originalfall einen Aktenvortrag zu entwickeln und anderen Teilnehmern zur Lösung anzubieten.

Zur Anzahl der Übungsvorträge, die ein Examenskandidat vor der Prüfung gehalten haben sollte, mag es unterschiedliche Meinungen geben. Dies ist auch davon abhängig, ob das Rechtsgebiet frei gewählt werden kann oder kurz vor dem Termin mit der Ladung verbindlich festgelegt wird. In letzterem Fall muss man sein Training notwendigerweise breiter anlegen. Dann sollten es gewiss nicht weniger als **30 Übungsfälle** sein.[24]

---

[22] http://www.justiz.nrw.de/JM/landesjustizpruefungsamt/juristischer_vorbereitungsdienst/kurzvortraege/index.php

[23] Vgl. Kapitel 8.

[24] Ähnlich *Schleif* JA 2007, 716; *v. Hartz/Streiter* JuS 2001, 790 (791), empfehlen 25 Übungsvorträge.

Kapitel 3. Äußere Vortragsweise und typische Hindernisse

10 Es stellt Schwierigkeit und Chance zugleich dar, dass der Kandidat durch den Vortrag nicht geleitet wird, ihm die Prüfer vielmehr über die gesamte Dauer schweigend zuhören. Dies birgt die Gefahr in sich, auf einen nicht vertretbaren – also falschen – Weg zu geraten, ohne gebremst zu werden. Zugleich eröffnet sich jedoch die Herausforderung, das Prüfungskollegium unbeeinflusst von Dritten durch eine sichere und individuelle Vortragsweise zu überzeugen.

Die juristischen Probleme des Falles bilden nur eine Komponente des mündlichen Examens. Entscheidungsfreude, Überzeugungskraft und die Fähigkeit zum freien Vortrag stehen **gleichberechtigt** daneben.[25] Denn die Beherrschung der sprachlichen Wiedergabe ist für einen Juristen ebenso wichtig wie seine Fachkenntnisse.[26]

Bedenkt man, dass die Prüfer innerhalb von ein bis zwei Stunden denselben Aktenfall mehrmals – vielleicht bis zu fünfmal – zu hören bekommen, leuchtet ein, welchen Stellenwert eine überzeugende Vortragsweise hat.

A. Manuskript

11 Ein sicheres Auftreten des Kandidaten zeigt sich nicht zuletzt am Umfang seines Manuskripts – je knapper desto eindrucksvoller. Ganz ohne schriftliche Ausarbeitung vortragen zu wollen, dürfte hingegen ein zu riskantes Unterfangen darstellen. Der Vorteil des Manuskripts besteht darin, dass sich der Vortragende, sollte er einmal den „roten Faden" verlieren, schnell wieder zurechtfinden kann. Der gelegentliche Blick zum Manuskript gibt Sicherheit. Stichworte sind also nicht nur erlaubt, sondern als Orientierungshilfe überaus sinnvoll.[27] Der Nachteil liegt darin, dass gerade eine zu umfangreiche Fassung dazu verleitet, häufig zum Blatt zu schauen oder gar abzulesen. Und das Ablesen wiederum vermittelt den Eindruck, man gebe in der Art eines Sprechers fremde Informationen weiter.[28]

---

[25] Für ein Übergewicht des Vortragsinhalts *v. Hartz/Streiter* JuS 2001, 790 (793).

[26] *Pagenkopf/Pagenkopf/Rosenthal*, S. 14.

[27] *Büdenbender/Bachert/Humbert* JuS 2002, 24 (25).

[28] *Theesfeld*, S. 10.

I. Umfang

12 Bei den auf 10 Minuten Dauer angelegten Aktenvorträgen erscheint ein Konzeptpapier von **einer DIN-A4-Seite** ideal. Sie kann auf beiden Seiten beschriftet sein. Auf der Vorderseite würden sich dabei die Stichpunkte für den Sachbericht und den Entscheidungsvorschlag befinden, auf der Rückseite die skizzierte rechtliche Würdigung nebst Abschlussvorschlag.

Mit drei bis sechs Blättern handschriftlicher Aufzeichnungen in die Prüfung zu gehen, erscheint als deutlich zu viel.[29] Der Umfang einer DIN-A4-Seite mag manchem als gering erscheinen. Aber ein knappes Manuskript vermittelt Souveränität, beugt häufigem Ablesen vor und verhindert hastiges Umherblättern in seitenlangen Aufzeichnungen.

Zusammen mit dem Aktenauszug, der seinerseits Hervorhebungen und Anmerkungen enthalten sollte, bildet das Manuskript die schriftlich fixierte Grundlage des Vortrags. Dieser verliert dadurch auch nicht seinen Charakter einer mündlichen Prüfungsleistung.

II. Gestaltung

13 Das Manuskript hat sich auf **Stichpunkte** zu beschränken.[30] Ganze Sätze niederzuschreiben, kostet zu viel Zeit und erweckt außerdem den Eindruck, man lese ab. Und ein solches Ablesen ist nicht gestattet. Typische Floskeln und treffsichere Formulierungsmuster, die man während der Examensvorbereitung verinnerlicht hat, sind ganz wegzulassen oder allenfalls anzudeuten. Es schadet auch nicht, sich für bestimmte Begriffe Abkürzungen anzueignen. Die Namen, Adressen etc. der beteiligten Parteien ergeben sich zwanglos aus dem Aktenauszug und müssen daher nicht in das Manuskript aufgenommen werden. Schon gar nicht sind sie auswendig zu lernen. Denn es erwartet niemand, dass der komplette Akteninhalt während der kurzen Vorbereitungszeit vollständig in das Gedächtnis aufgenommen wurde. Einzig der abschließende detaillierte Entscheidungsvorschlag sollte aus Gründen der Sicherheit vollständig niedergeschrieben und später verlesen werden.[31]

---

[29] So aber der Vorschlag bei *v. Hartz/Streiter* JuS 2001, 790 (793) und *Elzer/Lemmel/Schiller/Westphal/Zivier*, S. 216.

[30] Weisungen für den Kurzvortrag des Gemeinsamen Prüfungsamtes Bremen/Hamburg/Schleswig-Holstein.

[31] *Knappmann* JA 1983, 643 (646). *Budde-Hermann/Schöneberg*, S. 8 und *v. Hartz/Streiter* JuS 2001, 790 (792) empfehlen dies auch für Einleitungs- und Übergangssätze.

Während der Ausarbeitung des Manuskripts entsteht mitunter der 14
Bedarf, bestimmte Dinge sprachlich besonders zu akzentuieren. Oder man möchte der Gefahr begegnen, einen einzelnen Punkt im „Eifer des Gefechts“ zu vergessen. Hier sind **Hervorhebungen** durch farbige Stifte, deutliche Unterstreichungen o.ä. ratsam. Deren Wirkung geht allerdings verloren, wenn sie zu umfangreich eingesetzt werden.

Zu achten ist auf eine **lesbare Handschrift**. Die Gefahr, durch 15
nicht mehr identifizierbare Notizen aus dem Tritt zu geraten, lässt sich umgehen. Es hat auch wenig Sinn, den begrenzten Platz durch eine besonders kleine und enge Schrift ausschöpfen zu wollen. Dann „verschwimmen“ beim Blickwechsel zwischen Prüfer und Manuskript sehr schnell die Zeilen und man verliert die Orientierung. Ein ausreichender Zeilenabstand erlaubt es hingegen, Dinge einzufügen, die dem Kandidaten später noch in den Kopf kommen.

Wie das Konzeptpapier im Einzelnen gestaltet wird, muss ein jeder für seinen Bedarf entwickeln. Als stichpunktartige Einleitung denkbar ist folgendes **Beispiel:**

RS LG Dresden, April 2015	*„Ich berichte Ihnen über einen Rechtsstreit, der seit April 2015 am Landgericht Dresden anhängig war.*
PKH- Antr.; Ast./AG . . .	*Zu entscheiden ist über einen Prozesskostenhilfeantrag des … .*
	Antragsgegner ist … .
Rückabwicklung Fzg.-Kaufvertrag	*Die Parteien streiten um die Rückabwicklung eines Fahrzeugkaufvertrages.*
SV:	*Dem Ganzen liegt folgender Sachverhalt zu Grunde …“*
. . .	

Wer fürchtet, auf dem Manuskript die Orientierung zu verlieren, der 15a
kann während des Vortrags den Stichpunkt, den er gerade abhandelt, durch Ablegen seines Stiftes an der entsprechenden Stelle kenntlich machen und den Stift anschließend zum nächsten Punkt weiterschieben.

B. Freie Rede und Wortwahl

DaErfordernis der „freien Rede“ trägt zwei Bestandteile in sich (nachfolgend I. und II.):

I. Gedankliche Vorplanung

16 „Frei" heißt nicht planlose Improvisation. Vielmehr muss der Vortrag gedanklich vorgeplant sein. Denn der Zuhörer erwartet ein **denkendes Sprechen**, kein rezitierendes Reden.[32] Diese Gedanken werden aber nicht abgelesen, sondern durch gelegentlichen Blick zum Manuskript referiert. Im Übrigen gilt der Blick dem Publikum. Das ist wichtiger als die Formulierung grammatikalisch ausgefeilter Wortgefüge.[33] Man darf sich auch nicht der Hoffnung hingeben, die Prüfer würden selbst dauerhaft so viel mitschreiben, dass ihnen das Verhalten des Vortragenden gar nicht auffällt.[34]

II. Blickkontakt

17 Von einer „Rede" kann nur gesprochen werden, wenn der Kandidat **die Zuschauer unmittelbar anspricht**. Er sollte dabei nicht einen leblosen Punkt im Raum fixieren, nur um dem Erfordernis zu genügen, vom Blatt aufzuschauen. Deutlich selbstbewusster und (im notwendigen Maße) lebhafter wirkt es, abwechselnd allen Prüfern kurz in das Gesicht zu sehen.[35] So wird allen – auch den „fachfremden" – Mitgliedern des Gremiums das Gefühl vermittelt, der Vortrag wende sich an sie. Denn die Bewertung des Prüflings erfolgt schließlich nicht allein durch den Spezialisten des jeweiligen Rechtsgebietes. Der Blick darf allerdings nicht fragend oder hilfesuchend wirken, das ginge zu Lasten der Überzeugungskraft.[36]

Am sichersten wirkt ein nicht zu hektischer regelmäßiger Blickwechsel zwischen Manuskript bzw. Aktenauszug und einem der Prüfer. Dies setzt voraus, dass der jeweils nachfolgende Satz im Großen und Ganzen gedanklich präsent ist, damit er mit Sicht zum Prüfer ausgesprochen werden kann. Anderenfalls würde das Abwenden vom Manuskript den Vortrag zum Stocken bringen. Hier zeigt sich, wie wichtig es ist, den Fall zum Ende der Bearbeitungszeit mindestens einmal gedanklich vorzutragen.[37]

Der Blick zum Zuschauer muss **Automatismus** bleiben, möglichst ohne die Mimik des Prüfers bewusst wahrzunehmen. Es wäre ein Quell der Verunsicherung, sich vom Gesichtsausdruck eines Prüfers beeindru-

---

[32] *Möllers* JA 2006, 156 (157).
[33] *Möllers* JA 2006, 156 (157).
[34] In diese Richtung aber *v. Hartz/Streiter* JuS 2001, 790 (793).
[35] *Schuschke/Kessen/Höltje*, Rn. 1122.
[36] *Diercks-Harms* JA 2007, 285 (290).
[37] Hierzu sogleich unter Kapitel 4 C.

cken zu lassen. Mancher mag dem Vortrag regungslos folgen, bei einzelnen Sätzen die Stirn runzeln, die Augenbrauen verziehen oder gar gelangweilt erscheinen. Andere Prüfer nicken häufig, was nicht zwingend ein Zeichen der Zustimmung sein muss. Den Prüfungskandidaten hat dies zu keinen Konsequenzen zu veranlassen. Er folgt seinem Konzept und zeigt dadurch Sicherheit. Kurzerhand die Lösung, für die man sich zuvor entschieden hatte, zu verwerfen, kann eigentlich nie gut gehen.

III. Wortwahl und Satzbau

Einen praxistauglichen Juristen zeichnet aus, dass er über gute **18**
sprachliche Ausdrucksmittel verfügt und präzise mit Worten umgehen kann.[38] In sprachlicher Hinsicht ist daher ein **klarer, schnörkelloser Stil** angezeigt, der es dem Zuhörer ermöglicht, den Lösungsvorschlag nachvollziehen und überprüfen zu können.

Nicht nur die Gerichtssprache (§ 184 GVG), auch die Examenssprache ist deutsch. Daher sind unnötige Fremdwörter ebenso zu vermeiden wie modische Anglizismen oder eine blumige Bildsprache. Andererseits dürfen die Worte nicht zu flapsig ausfallen. Denn ein Vortrag ist kein Alltagsgespräch.[39] Auch wer einen starken Dialekt spricht, sollte sich dem Hochdeutsch annähern.

Gewarnt sei vor komplizierten Formulierungen und längeren, ver- **19**
schachtelten Satzkonstruktionen.[40] In aller Regel kann der gleiche Gedankengang durch mehrere **Hauptsätze** prägnanter zum Ausdruck gebracht werden. Zu komplexe Formulierungen wecken den Verdacht, man habe sie auswendig gelernt. Überdies steigt bei freier Rede die Gefahr, sich zu „verheddern", mit der Länge des Satzes.[41]

Zu vermeiden ist eine unpräzise oder „schwammige" Wortwahl, wo es argumentativ Stellung zu beziehen gilt. Der Vortragende sollte sich stattdessen stets um einen eindeutigen Gedankengang und stringente Ausführungen bemühen.[42]

Ab und an kann ein persönlich gefasster Satz eingeflochten werden, um unmerklich die Verbindung zwischen dem Prüfling und den Zuhörern herzustellen:[43]

***Beispiel:** „Ich wende ich mich nun dem Problem der Anfechtung zu."*

---

[38] *Rosenberger/Solbach/Wahrendorf*, S. 7.
[39] *Büdenbender/Bachert/Humbert* JuS 2002, 24 (26).
[40] *Knappmann* JA 1983, 643.
[41] *Büdenbender/Bachert/Humbert* JuS 2002, 24 (26).
[42] *Möllers* JA 2006, 156 (157).
[43] *Balzer/Forsen*, S. 154.

C. Sprechweise und Körpersprache

20 **Nonverbale Signale** sind eine entscheidendes Element der Rhetorik. Hierzu gehört vor allem die Körpersprache, also Gestik, Mimik und Stimme.

I. Tempo und Stimme

21 Auch geübte Zuhörer sind nur begrenzt aufnahmefähig und können sich nur eine bestimmte Anzahl von Informationen merken. Ein zu schnelles Sprechen lässt immer die Verständlichkeit leiden und mindert daher die Qualität des Vortrags.[44] Spricht der Kandidat hingegen zu langsam, so wirkt sein Stil lethargisch und unsicher. Zudem wird man nicht alle Probleme innerhalb der vorgegeben Zeit adäquat behandeln können.

Ferner sollte der Prüfling auf eine klare, ausreichend laute aber nicht zu durchdringende Stimmlage Wert legen. Eine **deutliche und feste Stimme** ist ein Zeichen von Souveränität, während ein verwaschenes oder leises Sprechen zögerlich erscheint.

22 Zu achten ist auch auf **Akzentuierungen** durch Hebung oder Senkung der Stimme. Denn es belastet den Prüfer durchaus, über zehn Minuten hinweg aufmerksam einer gleich bleibenden Stimmlage folgen zu müssen. Zudem suggeriert eine monotone Stimme, man sei selbst nicht an der Sache interessiert. Erst durch leichte Wechsel in der Sprechweise gewinnt der Vortrag Leben und Farbe und wird für den Zuhörer attraktiv. Dazu gehört auch der gezielte Einsatz von kurzen – etwa drei Sekunden langen – **Kunstpausen**. Hierdurch können Übergänge angekündigt oder wichtige Passagen hervorgehoben werden.

II. Gestik

23 Sehr **sparsam** sollte mit der Gestik gearbeitet werden. Ein Aktenvortrag ist keine Politikerrede. Bei ruhiger Körperhaltung wird man allenfalls leichte unterstützende Handbewegungen vollziehen können, insbesondere bei rechtlich kritischen Passagen. Allzu dramatische Gebärden ließen die Seriosität doch entscheidend leiden und signalisieren Effekthascherei oder zur Schau gestellte Selbstsicherheit.

Zu vermeiden ist allerdings ein Verschränken der Arme. Denn dies deutet auf Distanz zum Publikum.[45] Das Manuskript hat flach vor dem Vortragenden zu liegen und wird besser nicht aufgestellt in den Hän-

---

[44] *Knappmann* JA 1983, 643 (644).
[45] *Möllers* JA 2006, 156 (159).

den gehalten. Im Übrigen ist auf eine **aufrechte Sitzposition** zu achten. Weder sollte man zu lässig an der Rückenseite des Stuhles lehnen, noch sich aufdringlich über den Beratungstisch beugen.[46] Auch unruhiges Hin- und Herrutschen ist fehl am Platze.

III. Füllworte vermeiden

24 Nicht einfach ist es, häufiges Räuspern oder sinnfreie Füllworte („... ääh ...") zu unterdrücken. Sie sind Zeichen der Angespanntheit und treten meist unbewusst hervor. Vielfach erkennt man dies erst dann selbst, wenn einmal ein Vortrag mittels Video oder Tonaufnahmegerät aufgezeichnet und analysiert wird.

Wie bei nahezu allen Punkten ist eine stilistische Verfeinerung auch hier **nur durch ständige Übung** zu erreichen. Dabei kann es hilfreich sein, in der Übungsgruppe einmal mitzuzählen, wie oft der einzelne solche Füllworte gebraucht. Für manchen wird das Ergebnis vielleicht erschreckend sein.

D. Hilfsmitteleinsatz

25 Der Vortrag ist grundsätzlich nur unter Zuhilfenahme des Aktenstücks und des Manuskripts zu halten. Während der Vorbereitung stehen Gesetzestexte und Kommentare als Quellen zur Verfügung. Demgegenüber muss die freie Rede **ohne ein suchendes Blättern** in diesen Hilfsmitteln auskommen. Es schadet sicher nicht, vor Beginn des Vortrags am Platz auch den Gesetzestext zurecht zu legen. Dies gilt jedenfalls, sofern ein anschließendes Vertiefungsgespräch in Betracht kommt. Auch kann die entsprechende Norm aufgeschlagen und ins Blickfeld gerückt werden, wenn sie nicht als selbstverständlich bekannt ist und mehrfach zitiert werden soll.

Allerdings müssen sich die für den Vortrag aus Gesetz und Kommentar gewonnenen Erkenntnisse im Manuskript wieder finden und gedanklich verinnerlicht sein. Es widerspräche dem Erfordernis, vor Publikum eine eigene Lösung zu präsentieren, wollte sich der Vortragende für seine Argumentation des Lesens aus dem Kommentar bedienen. Ganz falsch wären etwa die Worte „Ich zitiere hierzu wie folgt aus dem *Palandt* ...".

26 Die Arbeit mit dem Aktenstück kann hingegen durchaus dazu führen, aus diesem wörtlich zu **zitieren**, wenn es auf genauen Wortlaut ankommt. Dies gilt vor allem für Passagen aus Vertragsurkunden oder

---

[46] *Patett*, S. 74 f.

einzelne AGB-Klauseln. Ferner können sich in der Akte Pläne und Skizzen befinden, deren Inhalt wichtig ist. Diese sollten, wenn sie erwähnt werden, dem Prüfungskollegium kurz gezeigt werden. Dabei können durchaus auch kurze Erläuterungen erfolgen, etwa zum Ablauf eines Verkehrsunfalls:

Beispiel: *„Hierzu befindet sich bei der Akte diese Skizze, in der die Örtlichkeit und der Fahrweg des Beklagten wiedergegeben ist."*

Diese Handhabung nimmt dem Vortrag gewiss nicht den Charakter der Mündlichkeit. Sie unterstützt diese vielmehr. Darüber hinaus wird man berufspraktischen Gegebenheiten gerecht. Der Berichterstatter, der am Landgericht den übrigen Kammermitgliedern einen Fall erläutert, bedient sich ebenso der Veranschaulichung wie der sachbearbeitende Kollege in einer Anwaltskanzlei.

E. Zeitrahmen und Zeitgefühl

27 Von essentieller Bedeutung ist die Einhaltung des vorgeschriebenen Zeitlimits. Dabei darf der Prüfling voraussetzen, dass man mit dieser Zeit auch auskommen kann. Die Vortagsakten sind entsprechend ausgesucht.

Bestenfalls lassen die Prüfer den Kandidaten bei geringen Überschreitungen gewähren, bewerten dies aber mit Punktabzug. Zumindest bei deutlichem Ausufern wird immer ein Abbruch durch den Prüfungsleiter erfolgen. In einigen Bundesländern ist dies ausdrücklich vorgeschrieben.[47] Mancher Prüfungsvorsitzende soll zu diesem Zweck gar eine Stoppuhr verwenden. Eine solche Situation gilt es daher unbedingt zu vermeiden. Sie vermag auch einen juristisch brillanten Vortrag erheblich zu entwerten. Denn der Aktenvortrag erfordert Praxisbezug und dieser ist nur erreicht, wenn die Bearbeitung zu Ende geführt wird.[48]

Im Idealfall wird das vorgegebene Zeitlimit **knapp unterschritten**. Das ist freilich leichter gesagt als getan, zumal nicht jeder Fall den gleichen Umfang aufweist. Der Weg zum Ziel führt auch hier nur über fortwährende Übung. Beim Training in der privaten Arbeitsgruppe sollten sowohl der Vortragende als auch die Zuhörer den Zeitrahmen beachten. Sodann ist zu analysieren, ob deutliche Abweichungen –

---

[47] Weisungen für den Aktenvortrag des nordrhein-westfälischen Justizministeriums.

[48] *Diercks-Harms* JA 2007, 285 (286).

nach unten oder oben – im Sprachtempo oder in der inhaltlichen Tiefe begründet liegen.

Das **persönliche Gefühl** für die verstrichene Zeit lässt sich aber auch allein **verfeinern**. So kann der Einzelne die Lösung eines Übungsvortrags durchaus mehrfach für sich selbst referieren, mal mit der Uhr im Blickfeld, mal mit einer nachträglichen Zeitkontrolle.

Während der Prüfung selbst empfiehlt es sich, die mitgeführte **28**
Armbanduhr abzulegen und in Sichtweite zu positionieren.[49] Das ist legitim. Denn der Ablauf von zehn Minuten wird nicht amtlich angezeigt und die im Prüfungsraum angebrachte Uhr befindet sich nicht immer im Blickfeld des Kandidaten. Andere Referendare bevorzugen eine kleine digitale Stoppuhr o.ä. – natürlich ohne akustische Signale. Man kann und soll diese Uhr während des Vortrags nicht laufend fixieren, das würde ablenken. Jedoch lässt ein gelegentlicher Blick erkennen, ob bspw. der Sachbericht zu lang gedauert hat und ob Zeit besteht, ein bestimmtes Problem ausführlicher zu erörtern. In Niedersachsen soll der Prüfungsleiter dem Kandidaten eine Minute vor Ablauf der Vortragszeit ein „entsprechendes Zeichen" geben, sofern nicht eine Beendigung abzusehen ist.[50]

Natürlich kann sich dabei eine Situation einstellen, in der man erkennt, dass die Zeit knapp wird. Hier sollte man den Prüfern zu verstehen geben, dass man den Zeitfaktor erkannt hat und geneigt ist zum Ende zu kommen. Der verständnisvolle Zuhörer wird dann eher gehemmt sein, den Vortrag radikal abzubrechen.

Beispiel: *„Da sich meine Vortragszeit dem Ende neigt, sei abschließend noch kurz erwähnt ..."*

Der auf diese Weise angerissene Komplex lässt sich ggf. im anschließenden Gespräch noch vertiefen.

F. Nervosität

Kein Kandidat ist so abgeklärt und gelassen, dass sich nicht vor und **29**
während der Prüfung eine gewisse Aufregung breit macht. Immerhin ist das Ergebnis der Prüfung entscheidend für den weiteren Lebensweg. Daher zunächst eine beruhigende statistische Information: Bei den zur mündlichen Prüfung zugelassenen Referendaren tendiert die Durchfallquote gegen Null. Dennoch belastet Aufregung den Aktenvortrag

[49] *Pagenkopf/Pagenkopf/Rosenthal*, S. 19; *Schleif* JA 2007, 716 (717).
[50] Merkblatt des niedersächsischen Landesjustizprüfungsamtes für den anwaltlichen Vortrag in der mündlichen Prüfung.

scheinbar in besonderem Maße, weil der Prüfling weiß, dass sich hier für einen längeren Zeitraum alle Augen auf ihn richten und er während dieser Zeit allein agieren muss.[51]

Prüfungsstress und Examensangst gehören zum Risikobereich des Kandidaten und führen in rechtlicher Hinsicht nicht zur Prüfungsunfähigkeit. Sie berechtigen insbesondere nicht zum Rücktritt von der Prüfung.[52]

I. Symptome

30 Als typische Symptome der Prüfungsangst gelten insbesondere Erröten, Schwitzen, Übelkeit, Appetitlosigkeit, Kreislaufbeschwerden, allgemeine Unruhe, Schlafstörungen sowie Veränderungen der Stimmungslage und des Sozialverhaltens.[53] Erfahrungsgemäß treten sie nicht bei allen Menschen in gleichem Maße und zudem in unterschiedlichen Kombinationen auf.

Nervosität ist zunächst einmal eine **natürliche körperliche Reaktion**, die die kognitive Leistungsfähigkeit nicht ohne weiteres erheblich beeinträchtigt. Nahezu jeder Mensch, der nicht gewohnt ist, vor einer größeren Anzahl von Menschen zu reden, leidet an Lampenfieber.[54]

Es sollte also gar nicht das Ziel sein, die eigene Nervosität zu unterdrücken. Denn eine angemessene Prüfungsangst setzt durchaus Kräfte frei und hält das Bewusstsein von der Bedeutung der Prüfung wach.[55] Auch sind bspw. einzelne Versprecher, die aus Nervosität unterlaufen, nicht ungewöhnlich und treffen auf das Verständnis der Prüfer.[56]

Kritisch wird es erst, wenn sich Panik einstellt; wenn man Gefahr läuft, vor lauter Aufregung elementare Dinge zu übersehen. Dem sollen die nachfolgenden Ratschläge vorbeugen.

II. Vorbereitende Maßnahmen

31 Am wichtigsten ist es, sich über den Ablauf der mündlichen Prüfung umfassend zu **informieren**. Prüfungsangst entsteht vielfach aus Unwissenheit über das Procedere. Als Informationsquellen dienen die offiziellen Verlautbarungen der Prüfungsämter, aber auch Gespräche mit erfolgreichen Absolventen. Gerade letztere können die Erfahrun-

---

[51] *Proppe* JA 1995, 409 (410).

[52] BVerwG DÖV 1980, 140; BVerwG DÖV 1963, 475; OVG Münster NVwZ-RR 2004, 497.

[53] *Metzig/Schuster*, S. 11 f.

[54] *Leist* JuS 2003, 441; *Möllers* JA 2006, 156 (157).

[55] *Metzig/Schuster*, S. 39.

[56] *v. Hartz/Streiter* JuS 2001, 790 (793).

gen ihrer eigenen Vorbereitung weitergeben. Eine moderne Form der Weitergabe sind juristische Diskussionsforen im Internet.

Ein weiteres probates Mittel ist eine **mentale Vorbereitung** in der **32**
Weise, dass man die erwartete Prüfungssituation etliche Male vor seinem geistigen Auge durchspielt – und zwar von Anfang bis Ende (Imagination). Hierfür ist es sehr hilfreich, sich mit den tatsächlichen Gegebenheiten vertraut zu machen und einmal **eine mündliche Prüfung als Zuschauer zu besuchen**. Dadurch werden im Übrigen auch die Rollen der beteiligten Personen klarer, die Prüfungsatmosphäre wird deutlicher. Ferner lässt sich in den Tagen vor dem eigenen Termin durchdenken, wie man die Prüfungskommission begrüßen oder wie man seinen Vortrag beginnen möchte. Auch können neue Verhaltensweisen geistig nachgestellt und eingeübt werden. Denn im Gedächtnis verankertes Verhalten ist in der Realsituation leichter verfügbar.[57]

Wichtig und selbstverständlich ist es, den Prüfungstag **ausgeruht** zu **33**
beginnen. Erfahrungsgemäß neigen viele Kandidaten dazu, sich bis zum letzten Tag – oder gar der Nacht – vor der Prüfung intensiv vorbereiten zu wollen. Dies kann zusätzlichen Stress, Unausgeglichenheit und Schlafmangel verursachen. Man sollte daher in den Tagen vor der Prüfung auf **Abwechslung**, bspw. durch Sport, Spaziergänge, Kinobesuch, Gespräche mit Nichtjuristen o.ä. achten. Hilfreich sind auch **Entspannungsübungen**, wie leichte Gymnastik, Yoga oder progressive Muskelrelaxation (PMR).[58] Dagegen wird man zu „Horrorgeschichten" verbreitenden enttäuschten Mitprüflingen eine Weile Abstand halten müssen. Gleiches gilt für den Versuch, sich mit Alkohol zu „beruhigen".

Am Prüfungstag besteht im Anschluss an den Aktenvortrag und **beim Warten auf die weitere Prüfung** die Versuchung, den Inhalt des Vortrags mit anderen Kandidaten zu besprechen und auszuwerten. Hierbei besteht immer die Gefahr, dass vermeintliche eigene Fehler zu Tage treten und den Prüfling entmutigen. Von derartigen Gesprächen ist daher abzuraten.[59]

Eine weitere Übung kann durch **bewusstes Atmen** erfolgen. Durch **34**
Angst verspannt sich die Muskulatur, was ein Gefühl der Enge und des Unbehagens hervorruft. Bewusstes tiefes Atmen aus dem Bauch kann helfen, diese Verspannungen zu lösen.[60] Es unterstützt auch dabei, ein überschnelles Hyperventilieren zu vermeiden. Nicht umsonst empfehlen manche Prüfer gelegentlich „Jetzt atmen Sie erst einmal ruhig

---

[57] *Metzig/Schuster*, S. 109.

[58] Eine Einführung findet man bspw. unter http://www.progressive-muskel relaxation.info

[59] Anders hingegen *Schleif* JA 2007, 716 (718).

[60] *Leist* JuS 2003, 441.

durch". Auch dies bedarf des Trainings, weil überdeutliche Atemübungen irritierend wirken könnten.

35 Dringend **abgeraten** werden muss hingegen vor der Einnahme von **Medikamenten**, die die seelische Stimmung dämpfen sollen. Im Zweifel beeinträchtigen sie auch die geistige Leistungsfähigkeit in negativem Maße oder lassen den Vortrag regelrecht dröge wirken.

36 Nicht selten wird eine ganze Reihe von **Zuschauern** im hinteren Teil des Prüfungssaales sitzen und – deutlich entspannter – der Prüfung lauschen. Ob und wie viel Publikum sich eingefunden hat, weiß der Prüfling vorher nicht. Es sollte ihm auch gleichgültig sein. Am besten ignoriert man die Zuschauer von Anfang an, also vor allem beim Eintreten in den Prüfungssaal.

III. „Roter Faden"

37 Viele Prüfungskandidaten befürchten, innerhalb ihres Vortrags einmal den „roten Faden" zu verlieren und dann plötzlich nicht mehr weiter zu wissen. Sicherlich ist hiervor niemand zu 100% geschützt. Aber allein schon ein übersichtliches Manuskript und das gedankliche Vortragen zum Ende der Bearbeitungszeit mindern diese Gefahr um ein vielfaches.

Wer doch einmal einen unvorhergesehenen „Ausfall" erleidet, der sollte nicht einfach schweigen, herumstottern, blättern oder hilflos fragend zum Prüfungskollegium schauen. Man kann nicht darauf vertrauen, dass einen der Prüfungsvorsitzende mit den Worten „Fangen Sie doch noch einmal bei ... an" aufmuntert. Vielmehr gilt es, den Prüfern zu zeigen, dass man bemüht ist, den „roten Faden" selbst wieder aufzunehmen.

Beispiel: *„Einen kleinen Moment bitte. Ich schaue einmal kurz, wo ich stehen geblieben war ..."*

Eventuell ist der Gedanke auch bereits nach eine kurzen Sprechpause wieder präsent. Dann kann der Vortrag ohne hektische Zwischenmanöver fortgesetzt werden.

IV. Unwillkürliche Körperbewegungen

38 Innere Anspannung wird vielfach nach außen durch unwillkürliche Körperbewegungen abgeleitet. Das zeigt sich bspw. am „Herumspielen" mit einem Stift, einer Büroklammer und anderen Gegenständen oder am häufigen Berühren von Nase, Ohr, Stirn, Krawattenknoten u.ä.

Verbreitet sind auch das „Herumtrommeln" mit den Fingern oder auffällige Lippengeräusche („Schmatzen").

Der Zuschauer nimmt dies – möglicherweise auch nur unbewusst – als Zeichen von Unsicherheit wahr. Solche Angewohnheiten können in der Arbeitsgruppe beim Üben erkannt und zumindest zum Teil abgestellt werden. Hier macht sich ein eventueller Videoeinsatz besonders effektiv bemerkbar.

Kapitel 4. Bearbeitung der Prüfungsaufgabe

Zunächst einmal gilt es, nach Aushändigung des Aktenstücks im Vorbereitungsraum **möglichst schnell zu konzentrierter Arbeit** überzugehen und sich von nichts und niemandem ablenken zu lassen.[61] Das ist nicht einfach, denn wegen der Staffelung des Prüfungstermins betreten und verlassen andere Prüflinge in Etappen von ca. 15 Minuten den Raum. Es herrscht also eine recht belebte Atmosphäre.[62] Notfalls kann man sich mit Ohrstöpseln o.ä. Ruhe verschaffen. Es sollte auch nicht nach befreundeten Kollegen Ausschau gehalten werden. Denn infolge der beschränkten Bearbeitungszeit ist jede Minute kostbar. **39**

Die Bearbeitung des Aktenstücks sollte sich wie folgt vollziehen:

A. Erfassen der Aufgabe

Das selbstverständliche und wichtigste zuerst: Lesen Sie aufmerksam den **Bearbeitervermerk**.[63] Er will den Vortragenden bei seiner Arbeit unterstützen.[64] Damit wird vermieden, dass wichtige Dinge vergessen werden. **40**

Der Bearbeitervermerk gibt einerseits darüber Aufschluss, welche konkrete Aufgabe vom Prüfling verlangt wird und welche Teilaspekte unter Umständen von vornherein ausgeschlossen sind. Letzteres dennoch zu prüfen – möglicherweise auch noch fehlerhaft –, wäre fatal. Ferner ist häufig erwähnt, dass die Einhaltung von Formalien oder richterliche Hinweise (§ 139 ZPO) unterstellt werden dürfen.

Im Gegensatz zur Klausur ist beim Aktenvortrag wegen der begrenzten Zeit ein Hilfsgutachten – etwa bei unzulässiger Klage – nur zu fertigen und vorzutragen, wenn es im Bearbeitervermerk gefordert wird. Anderenfalls können Fragen zur Begründetheit jedoch im anschließenden Vertiefungsgespräch behandelt werden, so dass man hierauf nicht unvorbereitet sein kann.[65]

---

[61] *Pagenkopf/Pagenkopf/Rosenthal*, S. 18.

[62] *Budde-Hermann/Schöneberg*, S. 2.

[63] Merkblatt des Gemeinsamen Prüfungsamtes Berlin/Brandenburg.

[64] *Patett*, S. 54; *Pagenkopf/Pagenkopf/Rosenthal*, S. 29.

[65] *Theesfeld*, S. 20.

Wichtig ist schließlich, ob bei gerichtlichen Aufgabenstellungen Nebenentscheidungen (Kosten, Vollstreckbarkeit, Zulassung von Rechtsmitteln) verlangt werden.

B. Lesen des Aktenauszugs und rechtliche Begutachtung

41 Sodann muss der Fall vollständig erfasst und durchdacht werden. Dies erfordert ein **mehrmaliges** aufmerksames und unbefangenes Lesen des gesamten Aktenstückes. Das meint jedes Wort, jede Zahl, jeden Stempelaufdruck usw. Gleiches gilt für den „technischen Teil" der Akte, also etwa Verfügungen und Protokolle. Einige Kandidaten schenken der Sachverhaltserfassung zu wenig Aufmerksamkeit und Zeit – vielleicht weil sie möglichst rasch zum rechtlichen Teil gelangen wollen. Damit erhöht sich jedoch die Gefahr, dass tatsächliche oder rechtliche Klippen übersehen und gar nicht berücksichtigt werden.

Bereits beim ersten Lesen können Unterstreichungen vorgenommen werden; ggf. sind erste Notizen auf einem gesonderten Blatt angebracht. In der Regel wird aber erst im Anschluss eine erste Vorstellung über das Antragsbegehren und die mögliche Lösung existieren. Insbesondere können bei anwaltlichen Vorträgen dann erst die Handlungsziele des Mandanten herausgearbeitet werden.

Vor diesem Hintergrund ist dann das Aktenstück nochmals sorgfältig zu lesen und mit **Markierungen** zu versehen.[66] Kommt es auf zeitliche Abfolgen an, geht es um Aufrechnung bzw. Widerklage oder zeigen sich komplizierte Mehrpersonenverhältnisse, ist es sicher ratsam, dies durch eine Skizze sichtbar zu machen.

Nur wenn der Fall in allen wesentlichen Punkten durchdrungen ist, kann beurteilt werden, welche Teilaspekte für den Vortrag wichtig sind und welche verkürzt behandelt oder ganz weggelassen werden können.[67] Dabei sollte man im Hinterkopf behalten, dass die Vortragsakte erfahrungsgemäß **allenfalls zwei Hauptprobleme** aufweist. So gesehen handelt es sich um den angenehmsten Teil der Examensprüfung.

42 Dieses aufmerksame Durcharbeiten des Falles geht in die rechtliche Begutachtung über. Sie sollte in **Stichpunkten** gesondert notiert werden. Dabei wird sich schnell herausstellen, ob die Sache formelle Probleme aufwirft, die die Zulässigkeit eines Antrags bzw. einer Klage betreffen. Unter Umständen sind hier erste Klippen eingebaut. Im Vordergrund steht sodann häufig eine materiellrechtliche Anspruchsgrundlage. Welche Norm dies sein könnte, ist oft nicht einfach zu

---

[66] *Elzer/Lemmel/Schiller/Westphal/Zivier*, S. 215.

[67] *Knappmann* JA 1983, 643 (644); *v. Hartz/Streiter* JuS 2001, 790 (792).

erkennen, muss aber gezwungenermaßen binnen kürzester Zeit – nicht mehr als fünf Minuten – herausgefunden werden. Meist finden sich konkrete Hinweise in den Schriftsätzen der Beteiligten, eventuell hat das Prüfungsamt einen deutlichen „Wink mit dem Zaunpfahl" eingebaut.

Jedenfalls kann stets eine **Eingrenzung nach Anspruchsgruppen** (z.B. Schadensersatz, Herausgabe, Unterlassung) erfolgen.[68] Deren tatbestandliche Merkmale sind in vertikaler Auflistung zu vermerken, verbunden mit der Zuordnung zum Sachverhalt und sich möglicherweise ergebenden Problemen, wie etwa Beweisfragen. Die Ergebnisse der einzelnen Subsumtionsschritte können bspw. mit den Zeichen (+) oder (–) symbolisiert werden. Kritische Punkte, die später beim Vortrag im Gutachtenstil zu prüfen sind, mag man mit einem Fragezeichen versehen: „§ 814?". Besonders hervorzuhebende Dinge lassen sind etwa durch ein Ausrufezeichen kennzeichnen: „verfristet!".

Bei der Entwicklung der Lösung sollte man sich in erster Linie **vom eigenen Judiz leiten lassen** und nur ausnahmsweise einen Blick in den Kommentar werfen. Denn es nimmt kostbare Zeit in Anspruch, krampfhaft im Kommentar nach der vermeintlich richtigen Lösung zu suchen. Meist ist eine tragfähige Begründung ohne Zuhilfenahme des Kommentars gefunden.[69] Die Erfahrung zeigt, dass viele zivilrechtliche Aktenvorträge im Vertrags- oder Deliktsrecht angesiedelt sind, mitunter auch im Familien- oder Erbrecht. Der Bogen reicht aber auch bis zur Zwangsvollstreckung und der freiwilligen Gerichtsbarkeit. Dort dürfen vom Prüfling grundlegende Kenntnisse erwartet werden. Je entlegener aber das Rechtsgebiet, umso weniger kann es auf Spezialkenntnisse ankommen. Denn dann reichen zehn oder zwölf Minuten Vortragsdauer für groß angelegte und komplexe Gedankengänge sicher nicht aus. **43**

C. Planung des Vortrags

Sobald die rechtliche Lösung „steht", muss diese in die Form des Aktenvortrags gegossen werden. Dann ist der Aufbau des Vortrags **anhand des Redemanuskripts zu planen**. Hierauf wird in den folgenden Kapiteln im Einzelnen eingegangen. **44**

Ein auswendig lernen der endgültigen Fassung ist bei einer Bearbeitungszeit von 60 bis 90 Minuten weder möglich noch empfehlenswert. Es würde im Übrigen eher eine eintönige und langweilige Vortragswei-

---

[68] *Patett*, S. 600.
[69] *Budde-Hermann/Schöneberg*, S. 8; *Pagenkopf/Pagenkopf/Rosenthal*, S. 27.

se heraufbeschwören. Um es nochmals zu betonen: Frei sprechen heißt nicht, auswendig Gelerntes vorzutragen. Allerdings ist es ratsam, sich einige beabsichtigte prägnante Formulierungen mehrmals zu vergegenwärtigen.

Im Übrigen muss der Vortrag in Gedanken **mindestens einmal vollständig durchgegangen** werden. Auf diese Weise wird auch überprüft, ob die logische Abfolge der geplanten Darstellung stimmig ist.[70] Ferner kann man dabei erkennen, ob das gedanklich Gemeinte vom Hörer auch verstanden werden kann.[71] Und schließlich dient diese „Generalprobe" auch der psychischen Vorbereitung.

Ohne ein strenges Muster vorgeben zu wollen, ist die Bearbeitungszeit etwa folgendermaßen einzuteilen: ¼ Sachverhaltserfassung, ½ Lösungsentwurf, ¼ Einstudieren des Vortrags.[72] Auch diese zeitliche Abfolge muss durch vielfaches Üben verinnerlicht werden.

Nach Ablauf der Vorbereitungszeit wird der Kandidat in den Prüfungssaal geleitet, wo er auf seine Prüfer trifft.

---

70 *Rosenberger/Solbach/Wahrendorf*, S. 9.

71 *Patett*, S. 523.

72 *Budde-Hermann/Schöneberg*, S. 7; *Pagenkopf/Pagenkopf/Rosenthal*, S. 18.

Kapitel 5. Grundlegender Aufbau des Vortrags

Für Aktenvorträge im Assessorexamen hat sich eine bestimmte **Reihenfolge** eingebürgert und als zweckmäßig erwiesen. An diesen klassischen Aufbau ist der Prüfungskandidat faktisch gebunden und sollte von ihm auch nicht abweichen. In Rheinland-Pfalz sind Teile des Aufbaus sogar durch Rechtsverordnung vorgeschrieben (§ 40 III 4 JAPO): 45

„Die Rechtsreferendarin oder der Rechtsreferendar hat den wesentlichen Inhalt des Aktenstücks vorzutragen und einen begründeten Vorschlag für die Sachbehandlung zu machen."

Abgesehen von einigen höflichen Worten zu Beginn und am Ende gliedert sich der Vortrag in **fünf Teile**:

1. Einleitung
2. Sachbericht
3. Kurzer Entscheidungsvorschlag
4. Rechtliche Würdigung
5. Vollständiger Entscheidungsvorschlag

Wie jedes Aufbaumuster ist auch diese sogleich näher dargestellte Reihenfolge kein unerschütterliches Heiligtum, wenn die **Verständlichkeit** kleinere Modifikationen erfordert. Insbesondere dürfen Einzelheiten des zugrunde liegenden Sachverhalts erst im Rahmen der rechtlichen Würdigung erwähnt bzw. erst dort näher ausgeführt werden. Der konkrete Aufbau muss immer auf die Lösung des Einzelfalles ausgerichtet werden.

Und wer während seines Vortrags bemerkt, dass er zuvor wesentliche Dinge vergessen hat, sollte diese möglichst geschickt einbinden, ehe er sie vollständig unterschlägt. 46

Beispiele: *„... In diesem Zusammenhang ist noch zu erwähnen, dass der Mandant seit März eine um 20% geminderte Miete gezahlt hat. Dies war bei der Darstellung des Sachverhalts etwas zu kurz gekommen ..."*

„Ich füge dem Sachverhalt noch hinzu ..."

Ein solcher Nachtrag wird gewiss mehr honoriert als ein völliges Weglassen.

A. Begrüßungsformel

47 Ein Gebot der Höflichkeit und selbstverständlicher Bestandteil förmlicher Vortragsweise ist es, das Prüfungsgremium beim Eintritt in den Prüfungsraum kurz zu begrüßen. Dabei ist **Sachlichkeit** geboten, kein übertrieben höfliches Einschmeicheln, aber auch kein völlig verkrampfter Blick. Sodann begibt man sich an den vorgesehenen Platz, legt das Manuskript und die Hilfsmittel ab und signalisiert den Prüfern unaufdringlich, dass man zum Vortrag bereit ist. So sichert man sich die beruhigte Konzentration der Zuhörer.

Es versteht sich von selbst, dass der Vortrag hingegen nicht mit einem einschränkenden Hinweis auf eigene Mängel („Ich bin leider mit meiner Lösung nicht ganz fertig geworden"; „Ich bin so fürchterlich aufgeregt") begonnen werden darf.[73] Das wäre völlig fehl am Platze.

B. Einleitung

48 Am Beginn steht die einleitende Information der Zuhörer über den Hintergrund des Vortrags. Sie sollte aus **zwei bis drei Sätzen** bestehen, aus denen erkennbar wird, welche Art von Verfahren und Entscheidung gegeben ist, wer hieran beteiligt ist und was den „Streitgegenstand" ausmacht.[74] Letzterer ist – mehr noch als beim Urteilstatbestand – mit wenigen Worten zu umreißen. Sollte dies wegen der Schwierigkeit des Sachverhalts einmal nicht gelingen, bleibt die Umschreibung des Streitgegenstandes dem nachfolgenden Sachbericht vorbehalten.

Üblicherweise beginnt die Einleitung mit:

„Ich berichte (Ihnen) über .../Ich habe (Ihnen) vorzutragen über ..."

49 Bei Vorträgen aus **richterlicher** Sicht müssen sich Angaben zum erkennenden Gericht, zu Namen, Herkunft und Parteirollen der Beteiligten und zum Zeitpunkt der Befassung des Gerichts wiederfinden. Bei juristischen Personen gehört die Nennung der vertretungsberechtigten Organe in die Einleitung, typischerweise der Geschäftsführer bei einer GmbH. Indessen sollte man bei einer GmbH & Co. KG eine

---

[73] *Pagenkopf/Pagenkopf/Rosenthal*, S. 24.
[74] *Elzer/Lemmel/Schiller/Westphal/Zivier*, S. 212.

gesellschaftsrechtlich vielleicht präzise aber langatmige Vertretungskette vermeiden bzw. vereinfachen. Berufsbezeichnungen der Parteien sind in der Regel nebensächlich, es sein denn, es kommt bspw. auf die Kaufmannseigenschaft an.

Der **anwaltliche** Vortrag sollte mit dem Namen und Sitz des **50** Rechtsanwalts, dem Namen des Mandanten und seinem Wohnsitz und dem Zeitpunkt der Übernahme des Mandats beginnen.[75] Dabei ist das konkrete Datum in der Regel nicht ausschlaggebend. Wenn der Anspruchsteller oder potentielle Kläger vertreten wird, ist dessen Begehren ohne namentliche Nennung des Gegners zu umreißen.

Beispiel: *„Der Mandant möchte Schadensersatz aus einem Verkehrsunfall geltend machen."*

Ist der Anwalt stattdessen durch den Beklagten beauftragt worden, dann schwebt bereits ein Rechtsstreit und der Vortragende benennt ähnlich wie oben das Gericht sowie die Parteien mit deren Wohnsitz. In der Regel ist ferner zu erwähnen, dass der Mandant um Auskunft bittet, was er gegen die erhobene Klage, das erlassene Versäumnisurteil etc. unternehmen kann. Unter Umständen will sich der Beklagte nicht nur gegen die Klageforderung zur Wehr setzten, sondern rühmt sich zugleich eines eigenen Anspruchs gegen den Kläger.

Beispiel: *„Ich berichte über ein Mandat des Rechtsanwalts Dr. Brack in Bochum im August 2015. Es handelt sich um die anwaltliche Vertretung des Herrn Walter Schneider aus Witten, gegen den vor dem Amtsgericht Witten Klage auf Kaufpreiszahlung von 1.800,- € erhoben worden ist. Klägerin ist die Antikmöbel GmbH aus Dortmund. Der Mandant will sich gegen die Klage verteidigen und begehrt seinerseits Schadensersatz von der Klägerin wegen Lieferverzögerungen."*

Ob dies letztlich in einer Aufrechnung, Widerklage oder einer Eventualverteidigung endet, wird sich erst später ergeben.

Handelt es sich um eine **rein außergerichtliche Beratung**, so ist es besonders ratsam, die Aufgabenstellung des Rechtsanwalts hervorzuheben.

Beispiel: *„Der Mandant bittet um Rat, wie er sich gegenüber seinem Vermieter verhalten soll."*[76]

An die Einleitung schließt sich ein klassischer **Übergangssatz** an, **51**

---

[75] *Formann/Schroeder* JA 2006, 47; vgl. Übungsfälle 3 und 4.

[76] Weiteres Beispiel bei *Jäckel* JuS 2010, 535 (537).

der auf den nachfolgen Sachbericht aufmerksam macht. Da die Prüfer einen solchen Satz möglicherweise schon mehrfach hören mussten, kann es nicht schaden, die Wortwahl etwas zu variieren.

***Beispiele:** „Die Grundlage für diesen Rechtsstreit bildet der folgende Sachverhalt."*

„Im Einzelnen ist folgender Sachverhalt Gegenstand der Beratung."

C. Sachbericht

I. Grundlagen

52 Sodann folgt die Darstellung des Sachverhalts. Für sie gilt zunächst das gleiche wie für einen Urteilstatbestand. Demnach ist eine **knappe Darstellung** des wesentlichen Sach- und Streitstandes erforderlich und ausreichend (§ 313 II ZPO).

Kein Prüfungsfall ist so schwierig, als dass dieser Grundsatz zu vernachlässigen wäre. Eine lückenlose Zusammenstellung des Parteivorbringens ist nicht von Nöten. Da die Vortragszeit begrenzt ist und der Zuhörer – wenn überhaupt – nur wenige Details präsent behalten kann, muss hier notwendigerweise noch mehr Vereinfachung erfolgen.[77] Oberste Gebote sind wie immer die **Verständlichkeit und Übersichtlichkeit**.[78]

Man kann gar nicht oft genug betonen, dass eine gelungene Sachverhaltsdarstellung erheblich zu einer positiven Beurteilung beiträgt.[79] Im Idealfall wird dem Zuhörer ein abgerundeter Eindruck vom Streitstoff vermittelt, ohne dass Unklarheiten, Widersprüche oder wesentliche Lücken hinsichtlich der anschließenden rechtlichen Würdigung verbleiben.[80] Die Kraft zur Informationskonzentration stellt also einen ganz wesentlichen Teil der Prüfungsleistung dar.

53 Auch der Sachbericht hat zwischen unstreitigem und streitigem Tatsachenstoff zu trennen und im Falle eines bei Gericht anhängigen Verfahrens den Antrag/die Anträge wiederzugeben. Allerdings ergeben sich Unterschiede je nach Perspektive des Vortragenden. Dies wird in den nachfolgenden Kapiteln näher dargestellt.

---

[77] *Budde-Hermann/Schöneberg*, S. 13.
[78] *v. Hartz/Streiter* JuS 2001, 790 (793).
[79] *Proppe* JA 1995, 409 (410).
[80] *Rosenberger/Solbach/Wahrendorf*, S. 2.

II. Details und Pauschalierungen

Einzelheiten sind sparsam zu dosieren und selbstverständlich nur **54**
dann zu erwähnen, wenn sie für die rechtliche Beurteilung überhaupt eine Rolle spielen. Belangloses ist völlig außen vor zu lassen. So werden **Zahlen, Daten und Ortsbeschreibungen** oder vorausgegangene Mahnverfahren nur zu nennen sein, wenn sich aus ihnen rechtliche erhebliche Konsequenzen ergeben. Anderenfalls verwirren sie den Zuhörer.

Oftmals ist allein die Reihenfolge bestimmter Ereignisse wichtig, nicht deren konkretes Datum.[81] Das gilt etwa für Abtretungen, Pfändungen und Beschlagnahmen o.ä. Dann sollte man sich darauf konzentrieren, dieses Abfolge durch Adverbien („zunächst ... daraufhin ... danach ...") verständlich zu machen.[82] Auch wenn es um eine bestimmte Zeitspanne geht, ist deren Dauer wichtiger als die Umgrenzung durch Datumsangaben. Insbesondere kann man sich mit **Pauschalierungen** helfen.

Beispiele: *„Wenige Tage später setzte er die Beklagte hiervon schriftlich in Kenntnis und forderte sie auf, das Objekt unverzüglich zu räumen."*

„Noch vor Zustellung der Klageschrift ..."[83]

Auf diese Weise kann man sich zunutze machen, dass der fachkundige Zuhörer bestimmte prozessuale Vorgänge – wie Einspruch, Wiedereinsetzung in den vorigen Stand, sofortige Beschwerde etc. – automatisch mit besonderen Fristen in Verbindung bringt und sich auf den Zeitablauf, nicht die Daten selbst, konzentriert.[84]

Bei **Personen**, die nicht unmittelbar Parteien eines Rechtsstreits **55**
sind, ist oft deren Funktion oder Verhältnis zur Partei wichtiger als ihr – möglicherweise komplizierter – Name. Die Rolle, die eine Person im berichteten Lebenssachverhalt spielt, ist vielfach auch aussagekräftiger als ihr Name oder ihre Prozessstellung (Zeuge, Streithelfer o.ä.).[85] Dann bietet es sich an, verkürzt von dem „Vater des Klägers", der „Beifahrerin" o.ä. zu sprechen.

---

[81] *Knappmann* JA 1983, 643 (644 f.).
[82] *Formann/Schroeder* JA 2006, 47 (50); *Theesfeld*, S. 16.
[83] Weiteres Beispiel bei *Jäckel* JuS 2008, 1101 (1102).
[84] *Balzer/Forsen*, S. 158.
[85] *Balzer/Forsen*, S. 153.

Beispiele: *„Daraufhin kündigte der Eigentümer das Hauptmietverhältnis am 23.10.2015 außerordentlich."*[86]

„Der Unfall wurde gegenüber dem Haftpflichtversicherer binnen neun Tagen angezeigt."[87]

III. Rechtsansichten und Wertungen

56 Rechtsansichten der Parteien oder die Nennung von Paragraphen haben im Sachbericht – getreu dem Motto „iura novit curia" – grundsätzlich keinen Platz, zumal es sich oft um langweilende Selbstverständlichkeiten handelt. Anders ist es nur, wenn sich der „Streitstand" hierauf verlagert hat oder die tatsächlichen Behauptungen der Parteien erst durch Hinweise auf ihre Rechtsansichten verständlich werden.[88] In solchen Ausnahmefällen empfiehlt sich ein sprachliches Kenntlichmachen durch Formulierungen wie:

„Der Kläger vertritt die Ansicht ..." oder

„Der Beklagte erblickt hierin ein treuwidriges Verhalten des Klägers ..."

Diese ausnahmsweise wiedergegebenen Rechtsansichten sind unmittelbar in den Parteivortrag zu integrieren, nicht etwa von diesem abzusetzen.[89]

57 Häufig wird der Fehler begangen, die Ausübung von **Gestaltungsrechten** durch eine Partei als Rechtsansicht zu verkleiden. Sätze wie „Der Beklagte meint, die Forderung sei verjährt" oder „Der Beklagte ist der Auffassung, er könne die Leistung zurückbehalten" haben im Sachbericht nichts verloren. Die Ausübung des Gestaltungsrechts ist in aller Regel ein unstreitiges Geschehen und als solches darzustellen. Daran schließen sich der zugehörige Sachvortrag und ggf. Rechtsansichten an.

58 Dagegen können **Rechtstatsachen** („Kaufvertrag, Darlehen, Untermietvertrag" o.ä.) durchaus benutzt werden, um den Streitgegenstand zu verdeutlichen. Das gleiche gilt für rechtliche Eigenschaften einer Person (z.B. „Halter").[90] Der Zuhörer weiß solche Begriffe problemlos einzuordnen. Dies gilt jedenfalls solange die Rechtstatsache selbst nicht streitig ist.

---

[86] Übungsfall bei *Jäckel* JuS 2006, 921 (922).
[87] Übungsfall bei *Jäckel* JuS 2008, 1101 (1102).
[88] *Patett*, S. 444; Übungsfall bei *Jäckel* JuS 2006, 921 (922).
[89] *Teubner*, S. 5.
[90] Vgl. hierzu Übungsfall 4.

Negativbeispiel wäre hingegen der Gebrauch der Bezeichnung „Dienstvertrag“, wenn dieser erst von einem Werkvertrag abgegrenzt werden muss.[91]

Ebenso hat sich der Sachbericht etwaiger **Wertungen** zu enthalten. **59**
Ob bspw. der Einspruch gegen ein Versäumnisurteil „form- und fristgerecht eingelegt“ wurde, ist eine Frage der rechtlichen Würdigung.

IV. Verweisungen

Wie in § 313 II 2 ZPO vorgesehen, sollte der Prüfling zeigen, dass **60**
er sinnvoll zu verweisen bzw. zu gewichten vermag. Das gilt v.a. für den Inhalt einer Urkunde.

Beispiel: *„Die Einzelheiten ergeben sich aus der Kaufvertragsurkunde, auf die ich Bezug nehme. Insbesondere auf deren Ziffer 3 komme ich anschließend im Rahmen der rechtlichen Würdigung noch zu sprechen.“*

Die am Ende von Urteilstatbeständen gelegentlich zu findende pauschale Bezugnahme auf den Akteninhalt ist ohnehin überflüssig[92] und hat beim Aktenvortrag schon deshalb nichts verloren, weil der Zuhörer – nach der Konzeption dieses Prüfungsteils – die Akte nicht kennt.

V. Umfang des Sachberichts

Unbedingt ist auf den Umfang des Sachberichts zu achten. Der Wil- **61**
le, sicherheitshalber möglichst viel mitzuteilen, kann schnell zu einem „kopflastigen“ Vortrag führen und wertvolle Zeit rauben. Diese Zeit steht dann für den ungleich wichtigeren Teil der rechtlichen Würdigung nicht mehr zur Verfügung.

Verfehlt und mit den Hinweisen der Prüfungsämter nur schwer in Einklang zu bringen ist daher der Ratschlag, schwächere Kandidaten sollten versuchen, wenigstens mit einer umfangreicheren Darstellung des Sach- und Streitstandes zu „punkten“.[93] Keinesfalls sollte der Sachbericht mehr als **$^1/_3$ der Vortragsdauer** ausmachen.[94]

Wie wichtig eine straffe Darstellung ist, zeigt der insoweit verallgemeinerungsfähige Hinweis aus dem Merkblatt des Landes Berlin:

„Die Sachverhaltsschilderung darf nur das Geschehen umfassen, das für die zu treffende Entscheidung notwendig ist. Jedes danach überflüssige Wort, jede

---

[91] *Formann/Schroeder* JA 2006, 47 (48).
[92] *Thomas/Putzo/Reichold*, § 313 Rn. 25.
[93] So aber *Rosenberger/Solbach/Wahrendorf*, S. 5.
[94] *Patett*, S. 98; *Schuschke/Kessen/Höltje*, Rn. 1121.

danach überflüssige Angabe von Zahlen oder Daten beeinträchtigt den Wert des Vortrages ...“

D. Kurzer Entscheidungsvorschlag

62 Den Übergang zur rechtlichen Würdigung bildet ein **kurz gefasster** Entscheidungsvorschlag.

Im Falle einer **gerichtlichen** Aufgabenstellung ist nur die Hauptsacheentscheidung zu nennen. Diese wiederum sollte bei (teilweiser) Stattgabe eine Klage verkürzt wiedergegeben werden. Denn der präzise Wortlaut gehört an den Schluss des Vortrags:

Beispiele: *„Ich schlage vor, die Klage abzuweisen.“* oder

„Ich schlage vor, den Beklagten antragsgemäß zu verurteilen.“

Aktenvorträge aus **anwaltlicher** Sicht verlangen nach dem Vorschlag eines (außer-)gerichtlichen Vorgehens gegen die andere Partei oder nach einer Reaktion auf deren bei Gericht gestellten Antrag.

Beispiel: *„Ich schlage vor, gegen Frau Fröhlich vor dem Amtsgericht Göttingen Klage auf Zahlung von 3.500,- € zu erheben.“*[95]

Überflüssig ist es, in einer solchen Konstellation zu erwähnen, dass die Klageerhebung selbstverständlich „namens und im Auftrag“ des Mandanten zu erfolgen hat. Ebenso können Zinsanträge oder sonstige Nebenforderungen beiseite gelassen werden.

Bei geplanter Verteidigung gegen eine Klage ist nur dies und ggf. der Umfang zu erwähnen. Die Differenzierung zwischen Anzeige der Verteidigungsbereitschaft und Ankündigung des Klageabweisungsantrags muss an dieser Stelle noch nicht erfolgen.[96]

Den **Übergang** zum anschließenden Hauptteil des Vortrags bildet bspw. einer der folgenden Sätze:

„Das ergibt sich im Wesentlichen aus folgenden rechtlichen Erwägungen.“

„Zu diesem Ergebnis gelange ich aus folgenden rechtlichen Gründen.“

---

[95] Vgl. auch Übungsfall 4.

[96] *Formann/Schroeder* JA 2006, 47 (50).

E. Rechtliche Würdigung

I. Grundlagen

Den **Kern des Vortrags** bildet die rechtliche Begründung des Entscheidungsvorschlags. Hier werden die Argumente dargestellt, mit denen der Kandidat seine Zuhörer überzeugen will. Dies erfordert, dass sich der Vortragende **klar und nachvollziehbar** für eine bestimmte Lösung entscheidet. Es dürfen also nicht mehrere Alternativen angeboten werden.[97] Wenn man sich an einem bestimmten Knackpunkt für einen Weg entschieden hat, erledigen sich damit die Fragen zur abweichenden Lösung.[98] 63

Das schließt bei anwaltlichen Vorträgen aber nicht aus, Hilfsargumente oder präventive Angriffs- und Verteidigungsmittel zu erwägen. Keinesfalls aber darf der Kandidat seine Lösung als vorläufig und überprüfungsbedürftig darstellen. 64

Verlangt wird also **Entscheidungsfreude**. Auch verbleibende Zweifel an seiner Lösung sollten den Prüfling nicht dazu verleiten, einen halbherzigen, schwankenden Entwurf zu präsentieren. In einem solchen Fall muss er allerdings damit rechnen, dass seinem Vorschlag unter Umständen nicht beigetreten wird. Über die sich hieraus ergebenden Hinweise und Fragen sollte man sich daher schon während der Bearbeitungszeit Gedanken machen. Grundsätzlich ist aber abzuwarten, ob die Prüfer hierauf überhaupt zurückkommen.[99] Zu vermeiden sind daher Worte wie „dürfte", „müsste" oder „könnte", sofern sie nicht den Gutachtenstil verdeutlichen.[100]

II. Darstellungsstil

Die rechtliche Würdigung im Aktenvortrag hat eine **eigenständige Form**. Sie erfolgt weder starr im Gutachten- noch ausschließlich im Urteilsstil. Erforderlich ist vielmehr eine zweckmäßige Mischung aus beidem, wobei der Stilwechsel die Schwerpunktsetzung verdeutlicht. Gänzlich falsch wäre die Verwendung der Relationstechnik.[101] Denn es hat eine **„einschichtige"** Begründung zu erfolgen. Daher darf man sich nicht verwirren lassen, wenn bspw. das hessische Justizprüfungsamt in 65

---

[97] *Solbach* JA 1995, 225 (229).

[98] *Patett*, S. 1171.

[99] Hinweise des Hessischen Justizprüfungsamtes für den Vortrag aus dem Zivil-, Arbeits- und Wirtschaftsrecht; *Theesfeld*, S. 20.

[100] *Budde-Hermann/Schöneberg*, S. 2.

[101] *Knappmann* JA 1983, 643 (645); *Anders/Gehle*, Kap. E Rn. 11.

seinen Hinweisen von einer „knapp gefassten gutachtlichen Begründung" spricht.

Zur Klarstellung ist aber folgendes zu sagen: Das Wort „einschichtig" betrifft die Reihenfolge der Darstellung, nicht des Gedankenwegs des Fallbearbeiters.[102] Letzterer hat nach wie vor zunächst die Schlüssigkeit des Angriffs und sodann die Erheblichkeit der hiergegen gerichteten Verteidigung zu untersuchen. Indessen werden beim Vortrag Schlüssigkeit und Erheblichkeit an den jeweiligen Berührungspunkten miteinander verwoben. Für eine exakte Aufgliederung bliebe auch gar nicht die Zeit.

66 In erster Linie rechtfertigt der Begründungsteil des Vortrags den anfänglichen Entscheidungsvorschlag und wird daher überwiegend im **Urteilsstil** dargeboten. Dies gilt vor allem für einfache Rechtsfragen und Beweiswürdigungen. Der Grund hierfür liegt auch und vor allem in der begrenzten Zeit und der Verständlichkeit für die Zuhörer. Die meisten Fälle weisen aber durchaus schwierige Rechtsfragen auf oder enthalten ein „Kernproblem". Andererseits erzwingt nicht alles, was bei der Bearbeitung des Aktenstückes zunächst Schwierigkeiten bereitet hat, die Erörterung im Gutachtenstil.[103] Nur bei verbleibenden wirklichen Zweifelsfragen bietet es sich an, teilweise in Gutachtenform vorzutragen.[104]

***Beispiel:** „Dies könnte einen Erklärungsirrtum des Beklagten darstellen, soweit der äußere Erklärungstatbestand nicht seinem Willen entsprach ..."*

Hierdurch wird verdeutlicht, dass der Kandidat – anders als bisher – zu einem Abwägen von Argumenten übergehen will. Dies sichert die Aufmerksamkeit der Zuhörer. Anderseits wollen sie auch nicht zu lange auf die Folter gespannt werden. Nach dem Aufwerfen der Problemfrage müssen alsbald die zentralen Erwägungen des Prüflings folgen.

67 Eine solche **verknappte Gutachtenform** (oder: Misch-Stil) bedarf natürlich der Übung. Viele Referendare neigen, geprägt durch ihr Studium und die später vermittelte Relationstechnik, zu langatmigen gutachterlichen Ausführungen.[105]

Hiervon muss man sich für den Aktenvortrag lösen können. Die Mitglieder des Prüfungskollegiums sind sämtlich erfahrene Juristen. Rechtliche Selbstverständlichkeiten vor ihnen auszubreiten, wäre also

---

[102] *Patett*, S. 571

[103] *Knappmann* JA 1983, 643 (645).

[104] Übungsfall bei *Jäckel* JA 2014, 687.

[105] Unzutreffend daher *Dresenkamp* JA 2012, 527, der im Übrigen den Sachbericht unterschlägt.

praxisfern und verfehlt. So ist bspw. die Einhaltung von Formalien nur dann zu erörtern, wenn sie eine sachliche Entscheidung ausschließen.[106] Bei Zulässigkeitszweifeln ist immer auch an §§ 39, 295 ZPO zu denken. Gleiches gilt bei Klageänderungen im Hinblick auf § 267 ZPO. Lediglich bei vollsteckungsrechtlichen Rechtsbehelfen hat es sich eingebürgert, kurz zur Zulässigkeit Stellung zu nehmen, auch wenn dort keine besonderen Probleme bestehen.[107] Außerhalb dieser Fälle ist bspw. über das Rechtsschutzbedürfnis so gut wie nie ein Wort zu verlieren.

III. Vermeidbare Fehler

Der Versuch, größtmögliche Mengen an Wissen an den Mann zu 68
bringen, schafft zusätzliche Fehlerquellen. Insbesondere sollten – anders als mitunter im Ersten Staatsexamen – keine präsenten Standartdefinitionen abgespult werden. Der Kurzvortrag ist kein Lehrbuchvortrag. Theoretische Darlegungen gehen meist zu Lasten sinnvoller Sachverhaltsauswertung.[108]

Ein Prüfer, der solcherlei Basis- und Zusatzwissen abfragen möchte, wird hierfür das anschließende Gespräch nutzten.[109] Ebenso wenig gehören abwegige Rechtsansichten in einen Aktenvortrag. Es kann nur immer wieder betont werden, dass es nicht Aufgabe des Aktenvortrags ist, für den gegeben Fall eine perfekte, wissenschaftlich nach allen Seiten abgesicherte Lösung zu liefern.[110]

IV. Erhöhung der Verständlichkeit

Ferner sollte sichergestellt werden, dass die Zuhörer der Abfolge 69
der rechtlichen Erörterungen folgen können. Empfehlenswert, aber nicht immer notwendig, sind daher **Gliederungshinweise und Zwischenfeststellungen**. Derartiges wäre in den Entscheidungsgründen eines Urteils überflüssig und falsch, im Kurzvortrag stellt es aber ein geeignetes Stilmittel dar:[111]

---

[106] Weisungen für den Kurzvortrag des Gemeinsamen Prüfungsamtes Bremen/Hamburg/Schleswig-Holstein.

[107] *Rosenberger/Solbach/Wahrendorf*, S. 65.

[108] *Teubner*, S. 2.

[109] Hinweise des Hessischen Justizprüfungsamtes für den Vortrag aus dem Zivil-, Arbeits- und Wirtschaftsrecht.

[110] *Riedel* JA 2001, 314 (318).

[111] Ablehnend aber *Rosenberger/Solbach/Wahrendorf*, S. 7.

Beispiele: *„Es lässt sich also zunächst zusammenfassen, dass es sich hierbei um einen Mangel im Sinne des § 434 I BGB handelt."*

„Demnach ist nun zu untersuchen, ob die ursprünglich erhobene Klage zulässig und begründet war und ob sie durch ein nach Rechtshängigkeit eingetretenes Ereignis unzulässig oder unbegründet geworden ist."[112]

„Ich komme nun zum Klageantrag zu 2)."

Insbesondere ausdrücklich festgehaltene Zwischenergebnisse prägen sich dem Zuhörer ein und können bei schwierigeren Begründungen als Grundlage der weiteren Lösung des Falles dienen.

F. Vollständiger Entscheidungsvorschlag (Zusammenfassung)

70 Zum Abschluss des Vortrags erfolgt ein detaillierter Entscheidungsvorschlag. Wie schon erwähnt, sollte er im Manuskript vollständig niedergeschrieben sein. Der abschließende Vorschlag umfasst den **gesamten Tenor** einer gerichtlichen Entscheidung, soweit nicht einzelne Teile nach dem Bearbeitervermerk erlassen sind.

Beispiel: *„Nach alledem ergibt sich folgender Tenor:*

1. Die Klage wird abgewiesen.

2. Die Kosten des Rechtsstreits hat der Kläger zu tragen.

3. Das Urteil ist vorläufig vollstreckbar. Der Kläger darf die Vollstreckung durch Sicherheitsleistung in Höhe von 110% des aufgrund des Urteils vollstreckbaren Betrages abwenden, wenn nicht die Beklagte vor der Vollstreckung Sicherheit in gleicher Höhe leistet."

Hat eine Klage nur teilweise Erfolg, so darf im Eifer des Gefechts natürlich nicht vergessen werden, sie „im Übrigen" abzuweisen.

71 Bei Vorträgen aus **anwaltlicher** Sicht, die ein gerichtliches Verfahren zum Gegenstand haben, ist noch einmal zusammenzufassen, bei welchem Gericht welcher **Antrag** gestellt werden soll.[113]

Beispiele: *„Zusammenfassend ist daher beim Landgericht Köln Klage zu erheben mit dem Antrag, den Beklagten zu verurteilen, an den Kläger 7.250,- € nebst Zinsen hieraus in Höhe von 5 Prozent-*

---

[112] Übungsfall zur *einseitigen* Erledigungserklärung bei *Jäckel* JuS 2006, 921.
[113] Vgl. Übungsfall 4.

punkten über dem jeweiligen Basiszinssatz seit dem 30.07.2015 zu zahlen.“

„Abschließend schlage ich vor, dass sich Rechtsanwalt Kohlhaas mittels Schriftsatzes an das Amtsgericht Frankfurt als Vertreter des Mandanten bestellt und darin einen Antrag auf Klageabweisung ankündigt.“

Dem Kandidaten sollten also die Antragsformulierungen der gängigen Klagearten bekannt sein. Ganz besonders wichtig ist, dass sie einen vollstreckungsfähigen Inhalt haben, wenn auf Leistung geklagt wird. Im Hinblick auf § 308 II ZPO sind etwaige Kostenanträge überflüssig. Davon unberührt bleibt die Notwendigkeit, den Mandanten ggf. über Kosten- und Vollstreckungsgefahren zu beraten.[114] **72**

Ganz zum Schluss sollte sich der Kandidat wiederum aus Höflichkeit bei den Prüfern kurz für deren Aufmerksamkeit bedanken. **73**

Beispiel: *„Damit schließe ich meinen Vortrag und bedanke mich für Ihre Aufmerksamkeit.“*

Das rundet den Vortrag ab und vermeidet sonstige durch Anspannung oder Verlegenheit hervorgerufene, möglicherweise unpassende Abschlussbemerkungen des Prüflings.[115]

---

[114] *Patett*, S. 478; Übungsfall bei *Jäckel* JuS 2012, 1118.
[115] *v. Hartz/Streiter* JuS 2001, 790 (793).

Kapitel 6. Vorträge mit richterlichen Aufgabenstellungen

A. Verfahrenskonstellation

Nicht immer muss die Lösung auf den Erlass eines Urteils hinauslaufen. Es kann auch ein Beweisbeschluss in Betracht kommen.[116] Mitunter ist von vornherein klar, dass eine Entscheidung durch **Beschluss** zu prüfen ist, z.B. nach § 91a ZPO und in Bezug auf die Bewilligung von Prozesskostenhilfe.[117] 74

Auch sind richterliche Vorträge nicht auf das Verfahren der ersten Instanz beschränkt. Denkbar ist etwa der Entwurf einer Entscheidung über eine sofortige Beschwerde.[118]

Durchaus geeignet und in Aktenvorträgen gelegentlich anzutreffen sind Verfahren des **einstweiligen Rechtsschutzes**. Hier kommt es besonderes darauf an, sich die Prozesssituation und den Prüfungsumfang des Gerichts zu verdeutlichen.[119] Solche **besonderen Konstellationen**, zu denen bspw. auch ein Urkundenprozess gehören kann, müssen bereits in der Einleitung des Vortrags deutlich werden.

Beispiel: *„Kläger ist Herr Hubert Schwarz. Er macht im Urkundenprozess die Zahlung von Mietzins geltend."*

Im Fall der **einseitigen Erledigungserklärung** ist zu beachten, dass der einleitend zu nennende Streitgegenstand nunmehr durch die Erledigung selbst, nicht mehr die ursprüngliche Forderung gebildet wird:[120] 75

Beispiel: *„Die Parteien streiten über die Erledigung einer Zahlungsklage."*[121]

Ungewöhnlich, aber nicht gänzlich ausgeschlossen wäre es, dass der Kandidat einen **gerichtlichen Vergleichsvorschlag** zu formulieren hat, der den Parteien in einer Güteverhandlung oder gemäß § 278 VI ZPO 76

---

[116] Weisungen für den *Kurzvortrag* des Gemeinsamen Prüfungsamtes Bremen/Hamburg/Schleswig-Holstein.

[117] Vgl. Übungsfälle 1 und 5. Weiterer Übungsfall *bei Jäckel* JuS 2008, 1101.

[118] Übungsfall bei *Fischer* JuS 2001, 279.

[119] Vgl. hierzu Rn. 90a.

[120] *Schneider/Teubner*, S. 122.

[121] Übungsfall bei *Jäckel* JuS 2006, 921.

unterbreitet wird. Dies setzt allerdings voraus, dass der Rechtsstreit nicht eindeutig entscheidungsreif ist – etwa wegen umfangreichen Beweisbedarfs. Ein solcher Vergleichsvorschlag verlangt, dass das Gericht den Parteien die jeweiligen Prozessrisiken darlegt. Es können also nicht alle Problempunkte des Falles offen gelassen werden.

B. Sachbericht

I. Form

77 Der Aufbau des Sachberichts entspricht dem des Urteilstatbestandes, trennt also nach unstreitigem Sachverhalt, Behauptungen und Anträgen des Klägers/Antragstellers sowie Anträgen und Behauptungen des Beklagten/Antragsgegners.

Einfaches Bestreiten des Beklagten findet, wie üblich, keine Erwähnung. Eine Replik des Klägers sollte im Sachbericht nur dann gesondert dargestellt werden, wenn es sich um eine qualifizierte Erwiderung auf Einwendungen und Einreden des Beklagten – also um anspruchserhaltenden Vortrag – handelt.[122] Zweckmäßig ist nahezu immer eine streng **chronologische Erzählung**.

78 Aus der Wortwahl muss klar hervorgehen, ob es sich um streitigen Sachvortrag handelt. Unklare Wendungen wie „Der Kläger legt dar, dass ..." sind zu vermeiden. Gar nicht oft genug kann daran erinnert werden, Streitiges in **indirekter Rede** im Konjunktiv I wiederzugeben.

II. Wiedergabe der Anträge

79 Die **zuletzt gestellten Anträge** der Parteien, insbesondere des Klägers, sind regelmäßig wörtlich wiederzugeben. Lediglich wenn dies bei komplizierter Formulierung unnötig Zeit kosten würde, sind Vereinfachungen legitim.[123] Dies gilt etwa bei abgestuften Zinsanträgen oder der exakten Bezeichnung herauszugebender Fahrzeuge.

Insbesondere Nebenforderungen stellen gewiss nicht den wesentlichen Bereich des Sachverhalts dar und erschweren zudem die Verständlichkeit. Es lässt sich also durchaus **pauschalieren** durch Worte wie

„... nebst Prozesszinsen/... nebst Verzugszinsen ab Mai 2015 ...".[124]

---

[122] *Anders/Gehle*, Kap. A Rn. 129.
[123] *Budde-Hermann/Schöneberg*, S. 13.
[124] *Patett*, S. 473; vgl. auch Übungsfall 3.

Verknappungen können auch dann angebracht sein, wenn der Kandidat einer Klage bereits aus dem Hauptantrag stattgibt und in der rechtlichen Würdigung daher nicht zur Prüfung etwaiger Hilfsanträge gelangt. Diese dürfen dann im Sachbericht zur Zeitersparnis auch abgeschwächt wiedergegeben werden.

Beispiel: *„Der Hilfsantrag des Klägers richtet sich auf Auskunftserteilung."*

Auch wenn ein Beschluss nach **§ 91a ZPO** im Raum steht, folgt der Sachbericht dem gewohnten Aufbau, allerdings mit einem Schwerpunkt in der Prozessgeschichte. Dort findet sich der ursprüngliche Klageantrag, an den sich die Mitteilung anschließt, dass die Parteien den Rechtsstreit übereinstimmend in der Hauptsache für erledigt erklärt haben.[125] **80**

Beispiel: *„Der ursprüngliche Klageantrag war gerichtet auf Herausgabe des genannten Ölgemäldes.*

In der mündlichen Verhandlung haben die Parteien den Rechtsstreit übereinstimmend in der Hauptsache für erledigt erklärt."

Auch in einem solchen Fall ist es im Hinblick auf § 308 II ZPO überflüssig, die wechselseitigen Kostenanträge der Parteien wiederzugeben.

III. Widerklage

Im Falle einer Widerklage sollte eine Differenzierung erfolgen, wie sie auch von Urteilstatbeständen her bekannt ist.[126] **81**

In der Regel sind Klage- und Widerklageforderung vom Sachverhalt her miteinander verknüpft und ergeben ein Gesamtbild. Dann kann sich der Widerklageantrag direkt an den Klageabweisungsantrag anschließen. Es folgen die gesamte Streitdarstellung des Beklagten und sodann der Antrag des Klägers zur Abweisung der Widerklage.

Nur wenn die Widerklage sehr viel neuen Prozessstoff bringt, empfiehlt sich eine getrennte Darstellung beider Klagen.

IV. Beweisaufnahme

Wie beim Urteilstatbestand sind im Falle einer durchgeführten Beweisaufnahme nur das Beweisthema und das Beweismittel mitzuteilen. **82**

---

[125] Vgl. Übungsfall 2.

[126] *Anders/Gehle*, Kap. M Rn. 11.

Wegen des Beweisergebnisses kann auf die rechtliche Würdigung verwiesen werden:[127]

> ***Beispiel:*** *„Auf das Ergebnis dieser Beweisaufnahme werde ich – soweit erforderlich – später eingehen."*

Auf diese Weise wird dem Verfahrensabschnitt der Beweisaufnahme selbst dann ausreichend Rechnung getragen, wenn es nach Auffassung des Vortragenden auf das Beweisergebnis nicht ankommt. Gänzlich überflüssig ist es, das Datum oder gar den Inhalt des zuvor erlassenen Beweisbeschlusses anzuführen.[128]

V. Berufungsverfahren

83 Einige Besonderheiten ergeben sich, wenn eine **Entscheidung des Berufungsgerichts** ansteht. Hier ist im Anschluss an den unstreitigen Sachverhalt in der Prozessgeschichte zunächst mitzuteilen, wie das Erstgericht entschieden hat und was sein Kernargument war:

> ***Beispiel:*** *„Das Amtsgericht Trier hat die Klage abgewiesen, weil ein Verschulden des Beklagten nicht erwiesen sei."*

Sodann sind die Daten der Zustellung des Urteils sowie des Eingangs von Berufungseinlegung und Berufungsbegründung mitzuteilen. Möglicherweise kann hier vereinfacht werden, wenn sich evident keine Fristprobleme stellen.

In der Darstellung des Parteivorbringens ist mit dem Rechtsmittelführer zu beginnen, auch wenn dies der Beklagte ist.[129] Dann folgen die in zweiter Instanz gestellten Anträge und möglicher Vortrag des Gegners.

C. Rechtliche Würdigung

I. Prüfungsumfang

84 Den Entscheidungsgründen eine Urteils gleich, hat sich die rechtliche Würdigung auf die **tragenden Gesichtspunkte** des Richterspruchs zu beschränken (§ 313 III ZPO).

---

[127] Weisungen für den Kurzvortrag des Gemeinsamen Prüfungsamtes Bremen/Hamburg/Schleswig-Holstein.

[128] *Teubner*, S. 6.

[129] *Schneider/Teubner*, S. 83.

Bei einer **erfolgreichen Klage** ist nur eine Anspruchsgrundlage zu erläutern, und zwar die am kürzesten und am eindeutigsten zu bejahende. Andere in Betracht kommende Anspruchsgrundlagen haben keinen Raum. Wer einem Anspruch aus Leihe (§ 604 BGB) stattgibt, muss nicht noch zum Eigentumsanspruch aus § 985 BGB kommen.

Wird der **Klageanspruch abgelehnt**, so ist wie gewohnt nur auf das entscheidende – fehlende bzw. nicht bewiesene – Tatbestandsmerkmal einzugehen. An welchen Tatbestandsvoraussetzungen es sonst noch mangelt, interessiert nicht.

Beispiel: *„Eine außerordentliche Kündigung des Mietvertrages gemäß § 543 BGB scheidet aus, weil es jedenfalls an der erforderlichen Abmahnung fehlt. ...“*

Ähnlich ist selbstverständlich zu verfahren, wenn der Kandidat zum Ergebnis gelangt, der Anspruch sei verjährt. Dann ist die Frage der Entstehung oder des Erlöschens des Anspruchs offen zu lassen. **85**

Beispiel: *„Angesichts dessen muss nicht entschieden werden, ob ...“*

Werden mehrere ernsthaft in Betracht kommende Anspruchsgrundlagen abgelehnt, so gilt die **übliche Reihenfolge**: vertragliche und quasivertragliche Ansprüche, dingliche Ansprüche, Delikts- und Bereicherungsrecht. **86**

II. Stilfragen

Bei den Urteilsgründen finden sich in bestimmten Situationen häufig „zwar-aber-Argumentationen“, die jedoch streng genommen nur selten zulässig sind. Ebenso kann die Überzeugungskraft des Urteils mitunter durch eine Doppelbegründung („zweites Standbein“) erhöht werden.[130] **87**

Wegen der knappen Zeit sollte beim Aktenvortrag auf solche Stilmittel verzichtet werden. Die rechtliche Würdigung wird hierdurch ja nicht unvollständig und es entsteht eher der Eindruck, der Prüfling zweifle an seiner Lösung. Wiederum bietet sich den Prüfern Gelegenheit, solche nichttragenden oder zusätzlichen Argumente im anschließenden Gespräch ins Spiel zu bringen. Diese Möglichkeit sollte zuvor erkannt und eine Antwort auf derartige Nachfragen vorbereitet worden sein.

---

[130] *Balzer*, Rn. 326 ff.

III. Beweiswürdigung

88 Typisch sind die Fälle, in denen der Kläger bereits die (streitigen) Anspruchsvoraussetzungen nicht hat beweisen können und wegen eines „non liquet" unterliegt. Hier ist es richtig, dass sich der Vortragende auf das Beweisergebnis beschränkt, ohne auf die Einwendungen oder Einreden des Beklagten näher einzugehen.

Beweisfragen sind immer anhand einer konkret erforderlichen Tatbestandsvoraussetzung zu erörtern. Ist eine ausführliche Beweiswürdigung notwendig, so muss diese in das Beweisergebnis integriert werden. Es ist also nicht bspw. der Inhalt einer Zeugenaussage lediglich zu referieren. Vielmehr sind sogleich Übereinstimmungen und Widersprüche hervorzuheben.

Beispiel: *„Dies folgt aus den übereinstimmenden Aussagen der Zeugen ... und ... . Sie haben nachvollziehbar bekundet, dass ... Die Aussage der Zeugin ... gewinnt auch dadurch Gewicht, dass ..."*

Noch weniger als in der Assessorklausur ist im Aktenvortrag eine umfangreiche Beweiswürdigung zu erwarten. Soll der Beweis mittels Urkunde geführt werden (§§ 415 ff. ZPO), so ist deren Inhalt meist eindeutig zu Gunsten oder zu Lasten einer Partei zu bewerten. Sind **Zeugen** vernommen worden, kann aufgrund des Sitzungsprotokolls in aller Regel nur entschieden werden, ob sie das Beweisthema bestätigt haben oder nicht.

Insbesondere wenn es um die notwendige **Glaubhaftmachung** einzelner Tatsachen geht, kann nach dem Bearbeitervermerk vielfach unterstellt werden, dass dies geschehen ist.[131]

IV. Nebenforderungen und Nebenentscheidungen

89 **Nebenforderungen**, also v.a. Zinsen, dürfen nicht vergessen werden, sind üblicherweise aber mit der bloßen Nennung der Paragrafen zu begründen.

Beispiel: *„Die Zinsforderung hat ihre Grundlage in §§ 288 I, 286 I, II BGB."*

90 **Nebenentscheidungen** bedürfen in der Regel ebenso wenig einer Begründung, so dass man sich mit der Nennung der einschlägigen Vorschriften begnügen kann.[132] Etwas anderes gilt bei übereinstimmender Teilerledigungserklärung, wo einige Worte zu § 91a ZPO verloren werden müssen.

---

[131] Vgl. Übungsfall 1.

[132] Merkblatt des Gemeinsamen Prüfungsamtes Berlin/Brandenburg.

Ebenso ist an eine Entscheidung über die Zulassung eines Rechtsmittels zu denken (§§ 511 IV, 543 II, 574 II, III ZPO), soweit diese nicht erlassen ist.

V. Einstweiliger Rechtsschutz

Arrestverfahren (§§ 916 ff. ZPO) oder – häufiger – **Anträge auf Erlass einer einstweiligen Verfügung** (§§ 935 ff. ZPO) sind in zwei Konstellationen denkbar, deren Prüfungsreihenfolge ganz ähnlich ist: **90a**

Zum einen kann das Aktenstück aus einem Antrag auf Arrest/einstweilige Verfügung, einem Schriftsatz des Gegners und dem Protokoll einer anberaumten mündlichen Verhandlung bestehen. Dann ist zu entscheiden, ob der Arrest/die einstweilige Verfügung erlassen oder ob der Antrag zurückgewiesen wird. Die Entscheidung ergeht jeweils durch **Urteil** (§§ 922 I 1, 936 ZPO).

Zum anderen ist denkbar, dass dem Antrag ohne mündliche Verhandlung durch Beschluss stattgegeben wurde, der Gegner Widerspruch eingelegt hat (§§ 924 I, 936 ZPO) und eine mündliche Verhandlung durchgeführt worden ist. Dann ist – wiederum durch Urteil – über die Zulässigkeit des Widerspruchs und die Rechtmäßigkeit des Arrestes bzw. der einstweiligen Verfügung zu entscheiden (§§ 925, 936 ZPO).

Beide Konstellationen haben gemeinsam, dass das Vorliegen von Arrest-/Verfügungsanspruch und -grund im Zeitpunkt der mündlichen Verhandlung geprüft werden muss. Die entsprechenden Tatsachen sind glaubhaft zu machen (§§ 920 II, 936, 294 ZPO). Zu diesem Zwecke werden sich im Aktenauszug häufig eidesstattliche Versicherungen finden.

Beispiel: *„Der Verfügungskläger kann seinen Antrag auf § 1004 I BGB stützen. Er hat die Voraussetzungen eines solchen Unterlassungsanspruchs gem. §§ 920 II, 936 ZPO glaubhaft gemacht. ...“*

Es hat sich eingebürgert, die **Parteien** im Falle einer mündlichen Verhandlung als Arrest-/Verfügungskläger und -beklagter zu bezeichnen. Bei Erlass oder Bestätigung des Arrestes/der einstweiligen Verfügung erfolgt im Urteil kein Ausspruch zur **vorläufigen Vollstreckbarkeit.**[133] Bei Ablehnung des Antrags oder Aufhebung gelten hingegen die §§ 708 Nr. 6, 711 ZPO.

---

[133] *Thomas/Putzo/Reichold*, § 925 Rn. 2.

VI. Beschlussentwürfe

91 Beschlussentwürfe zu **§ 91a ZPO** weichen von den dargestellten Grundlagen der rechtlichen Würdigung letztlich nicht ab, zumal auch solche Beschlüsse der Begründung bedürfen. Gleiches gilt für Beschlüsse, mit denen die Bewilligung von **Prozesskostenhilfe** ganz oder teilweise abgelehnt wird.

Hier vollzieht sich die Prüfung der Zulässigkeit und (möglichen) Begründetheit einer Klage innerhalb des billigen Ermessens (§ 91a I ZPO) bzw. der Erfolgsaussichten der Rechtsverfolgung oder -verteidigung (§ 114 ZPO). In letzterem Falle kommt das Kriterium der Mutwilligkeit hinzu. Die wirtschaftlichen Verhältnisse einer Partei wird – hoffentlich – kein Kandidat je zu prüfen haben. Hierzu muss der Bearbeitervermerk Auskunft geben.[134]

92 Seine **formalen Kenntnisse** kann der Vortragende zeigen, indem er kurz erwähnt, ob der Beschluss mitgeteilt oder zugestellt werden muss (§ 329 II, III ZPO).[135]

93 In all diesen Fällen endet der Vortrag mit einem Abschlussvorschlag zum **Beschlusstenor**.

Beispiel: *„Zusammenfassend ist daher ein Beschluss zu erlassen mit folgender Formel:*

1. *Dem Antragsteller wird für den Rechtszug der ersten Instanz Prozesskostenhilfe bewilligt.*

2. *Zur Wahrnehmung seiner Rechte wird ihm Rechtsanwältin Susanne Kästner aus Paderborn beigeordnet."*

---

134 Vgl. Übungsfall 5. Weiterer Übungsfall bei *Jäckel* JuS 2008, 1101.

135 Vgl. Übungsfall 2.

Kapitel 7. Vorträge mit anwaltlichen Aufgabenstellungen

A. Vorbemerkungen

Dem stärkeren Gewicht der Anwaltstätigkeit in Ausbildung und Prüfung wird auch durch Aktenvorträge aus der Sicht eines Rechtsanwalts Rechnung getragen. Zum Teil – wie in Niedersachsen – ist dies zum Standard geworden. Im Übrigen nehmen anwaltliche Aufgabenstellungen kontinuierlich zu. 94

Das oben dargestellte **Grundschema** zum Aufbau eines Aktenvortrags bleibt auch in diesen Konstellationen erhalten, so dass der Kandidat nicht etwa parallel verschiedene Muster vorbereitet haben muss.

Die wesentlichen Unterschiede ergeben sich daraus, dass nicht die Entscheidung eines Rechtsstreits verlangt wird, sondern es um die Beratung und sachgerechte Interessenvertretung einer Partei geht. Der Referendar soll sich in die Lage des bearbeitenden Anwalts hineinversetzen und die Erfolgsaussichten einer Vorgehensweise des Mandanten beurteilen.[136]

Dabei sind **Anträge**, die nach Meinung des Prüfungskandidaten an ein Gericht gestellt werden sollen, am Ende des Vortrags auszuformulieren. Das stellt in aller Regel der Bearbeitervermerk klar.

B. Beratungsperspektive und prozessuale Situation

Zunächst gilt es sich darüber klar zu werden, aus welcher konkreten Perspektive heraus die Beratung erfolgt. Grundsätzlich streiten auch hier zwei Beteiligte über einen materiellrechtlichen Anspruch, dessen Bestehen und erfolgreiche Durchsetzung es zu überprüfen gilt. Dabei vertritt der Anwalt grundsätzlich entweder den Anspruchsteller (Gläubiger) oder den Anspruchsgegner (Schuldner). Dies kann durchaus auch ein Unternehmensjurist sein, der bspw. den gegenüber einer Versicherung geltend gemachten Anspruch zu prüfen hat.[137] Denkbar ist auch die Beratung eines (potentiellen) Streithelfers. 95

---

[136] Merkblatt des Gemeinsamen Prüfungsamtes Berlin/Brandenburg.

[137] Übungsfall bei *Jäckel* JuS 2015, 349.

96 Die Auseinandersetzung befindet sich möglicherweise in der **außergerichtlichen Phase** und die Inanspruchnahme des Gerichts durch Klage oder einen Antrag im einstweiligen Rechtsschutz ist zu erwägen. Das gerichtliche Verfahren kann aber auch bereits im Gange sein. Dann wird sich der Prüfling meist auf Seiten des Anspruchsgegners wiederfinden, dem eine Klageschrift – oder auch ein Antrag auf Arrest/einstweilige Verfügung – zugestellt wurde.[138]

97 Im Falle eines **bei Gericht anhängigen Rechtsstreits** muss ferner beachtet werden, in welchem Stadium sich das Verfahren befindet. Dabei ist v.a. relevant, ob ein schriftliches Vorverfahren angeordnet wurde bei dem bspw. noch die Verteidigungsanzeige zu erfolgen hat (§ 276 I 1 ZPO), welche prozessualen **Fristen** laufen oder ob bereits ein Termin zur mündlichen Verhandlung anberaumt ist.

Ebenso gut kann bereits ein (Versäumnis-)Urteil ergangen sein, gegen das der Mandant Einspruch oder Berufung einlegen möchte. Auch dort sind Fristen zu beachten (§§ 339 I, 517, 520 II ZPO) und es kann unter Umständen die Frage nach einer Wiedereinsetzung in den vorigen Stand auftauchen. Ähnlich ist es, wenn dem Mandanten ein Arrestbefehl bzw. eine einstweilige Verfügung zugestellt worden ist und die Einlegung eines Widerspruchs (§§ 924, 936 ZPO) zu prüfen ist.[139]

Es kann auch vorkommen, dass der Mandant **bereits selbst einen Rechtsbehelf** (z.B. Erinnerung, Beschwerde) gegen eine gerichtliche Entscheidung eingelegt hat, der eventuell nach seiner Statthaftigkeit auszulegen und sodann auf seine Erfolgsaussicht zu untersuchen ist.

98 Vielleicht etwas exotisch, aber denkbar, wäre als Aufgabenstellung die **Prüfung eines Vergleichsvorschlags** des Gerichts (§ 278 VI ZPO) oder des Gegners.[140] Dann muss der Referendar aus Sicht des Rechtsanwalts untersuchen, ob angesichts der Schwierigkeiten und Unsicherheiten des Prozesses, der Auffassung des zuständigen Richters und des Kostenrisikos eine Fortsetzung oder eine einvernehmliche Beendigung der Auseinandersetzung günstiger ist. Die Vor- und Nachteile sind sorgfältig abzuwägen. Wenn der Bearbeiter einen gerichtlichen Vergleichsvorschlag ablehnt, muss deutlich werden, warum dies den „sichersten Weg" darstellt. Solche Fallkonstellationen haben also eine gewisse Ergebnistendenz.

---

[138] Übungsfall bei *Jäckel* JuS 2014, 65 (Vertretung des Arrestbeklagten).
[139] Vgl. hierzu bereits oben Rn. 90a.
[140] Übungsfall bei *Jäckel* JuS 2012, 1118.

C. Zugrunde liegender Sachverhalt und Sachbericht

I. Tatsacheninformationen

Das Aktenstück wird in aller Regel mit einem Vermerk des Rechts- 99
anwalts über ein Beratungsgespräch beginnen. Aus diesem muss das primäre **Interesse des Mandanten** ermittelt werden. So können sich Hinweise darauf ergeben, dass der Fall nur in eine bestimmte Richtung hin zu untersuchen ist, etwa einzelne potentielle Schuldner gar nicht in Anspruch genommen werden sollen.[141] Ebenso ist denkbar, dass der Mandant ein bereits ergangenes Urteil nur zum Teil mit einem Rechtsbehelf anfechten will. Solche Einschränkungen, denen der Anwalt im Rahmen seines Mandats Folge zu leisten hat (§§ 675, 665 BGB), sollten dem Zuhörer gleich zu Beginn des Sachberichts mitgeteilt werden.

Beispiel: *„Der Mandant sieht seine Interessen vordringlich in der Geltendmachung etwaiger Ansprüche gegen ..."*

Der Rechtsanwalt entnimmt seine Tatsacheninformationen in erster 100
Linie der Schilderung des Mandanten. Dies muss nicht zwingend durch einen entsprechenden Einleitungssatz zu Beginn des Vortrags kenntlich gemacht werden. Denn es wird vielfach einen unstreitigen Sachverhaltsteil geben, der ohne weiteres in einem künftigen oder bereits anhängigen Rechtsstreit eine Rolle spielt.

Nur wenn erkennbar Widerspruch zu Behauptungen des Gegners besteht oder die Angaben des Mandanten nicht klar verifiziert werden können, muss deutlich werden, dass es sich bei dem betreffenden Aspekt um eine Schilderung des Mandanten handelt.

Beispiel: *„Nach Mitteilung des Mandanten soll Herrn Huber bekannt gewesen sein, dass es in der Küche der Wohnung zu Schimmelbildung kommt."*

Diese Angaben darf der Rechtsanwalt grundsätzlich übernehmen, soweit sie nicht erkennbar unzutreffend sind und gegen die prozessuale Wahrheitspflicht (§ 138 I ZPO) verstoßen würden. Nicht selten gibt der Bearbeitervermerk vor, dass die Sachverhaltsangaben als richtig zu unterstellen sind. Anderenfalls kann es nötig sein, bereits im Sachbericht anzugeben, welche Beweismittel nach den Angaben des Mandanten für die fragliche Behauptung zur Verfügung stehen.[142] Wenn der

---

[141] *Formann/Schroeder* JA 2006, 47 (48).
[142] *Rosenberger/Solbach/Wahrendorf*, S. 14.

Nachweis – etwa durch Urkunden – unproblematisch erscheint, genügt aber die Angabe im Rahmen der rechtlichen Würdigung.[143]

101 Jedoch ist es möglich, dass auch nach der Schilderung durch den Mandanten **Sachverhaltslücken** verbleiben. Hier muss der Kandidat aufzeigen, wie solche Lücken geschlossen werden können, bspw. durch Einholung von Auszügen aus dem Grundbuch oder Handelsregister.

Beispiel: *„Ob es sich hierbei um den Geschäftsführer der Flux GmbH handelt, konnte der Mandant nicht mit Sicherheit bestätigen. Dies wird durch Einholung eines Handelsregisterauszuges problemlos geklärt werden können."*

II. Wiedergabe des Sachverhalts

102 In der **Anspruchsteller-/Klägersituation** eignet sich am besten eine chronologische Wiedergabe des entscheidungserheblichen Geschehens. Allein wenn sich bereits aus der außergerichtlichen Auseinandersetzung ergibt, dass einzelne Tatsachen streitig sind, muss dies ähnlich dem gerichtlichen Aktenvortrag aus dem Sachbericht hervorgehen.

Das Behaupten kann dann aber nicht immer bei der Partei gebracht werden, die die subjektive Beweislast trägt. Das gilt insbesondere bei Einwendungen gegen die Anspruchsentstehung. Am sinnvollsten erscheint es, abweichendes Vorbringen des Gegners, in die Sachverhaltsabfolge zu integrieren.[144]

Beispiel: *„Herr Schuster hat in einem an den Mandaten gerichteten Schreiben allerdings eingewandt, er wisse bislang nichts von einer Kündigung des Mietvertrages. Demgegenüber schildert der Mandant, er habe das Kündigungsschreiben am Vormittag des 03.08. 2015 in Begleitung seiner Ehefrau in den Briefkasten des Herrn Schuster eingeworfen."*

103 Bei Vorträgen aus der **Beklagtenperspektive** ist dem wiedergegebenen Mandantengespräch zu entnehmen, inwieweit der Sachverhaltsschilderung in der Klageschrift widersprochen werden soll. Daraus lässt sich recht problemlos ein Sachbericht wie bei gerichtlichen Aufgabenstellungen erstellen.[145] Das ist auch zweckmäßig, denn hier hat – wenn auch durch den Beklagtenvertreter – ebenfalls eine Prüfung der Erfolgsaussichten der erhobenen Klage zu erfolgen. Einen **Antrag** hat

---

[143] Vgl. Übungsfall 4.
[144] *Formann/Schroeder* JA 2006, 47 (49).
[145] Anders aber im Übungsfall bei *v. Hartz/Schreiter* JuS 2002, 380.

der Beklagte bzw. dessen Vertreter in der Regel erst angekündigt. Entsprechend taucht im Sachbericht nur dieser Antrag auf.[146]

Demnach folgen auf den unstreitigen Sachverhalt das streitige Klägervorbringen und der (angekündigte) Klageantrag. Sodann kann man mit den Worten

„Der Mandant trägt demgegenüber vor, dass ...“

zur eigenen Partei überleiten. Etwaige Angaben zur Prozessgeschichte (z.B. ein Versäumnisurteil) sind am Ende des Sachberichts am besten aufgehoben.

D. Rechtliche Würdigung

Der Hauptteil des Vortrags besteht natürlich aus der Bewertung, ob **104** die vom Mandanten beabsichtigte Rechtsverfolgung bzw. die Verteidigung gegen einen Anspruch Erfolg verspricht. Dies hat wie oben dargestellt **einschichtig und überwiegend im Urteilsstil** zu erfolgen, während an wichtigen Stellen zum Urteilsstil gewechselt werden kann.

Der Vortragende kann sich durchaus dadurch hervortun, dass er **kreative Lösungen** erwägt oder vorschlägt. Dies darf aber nicht dazu verleiten, abenteuerliche rechtliche Konstruktionen zu bemühen, um das gewünschte Ergebnis zu begründen.[147]

I. Klägerperspektive

Die Prüfung der Ansprüche des Mandanten orientiert sich an dessen **105** Begehren.[148] Mitunter wird es für den anwaltlichen Aktenvortrag aus Klägersicht als sinnvoll angesehen, zunächst nahe liegende nicht bestehende Ansprüche anzuprüfen, bevor der letztlich einzuklagende Anspruch erörtert wird.[149] Das ist mit äußerster Vorsicht zu genießen und allenfalls auf wenige Ausnahme zu beschränken. Denn auch für diese Art von Aktenvorträgen gilt, dass nur die den Entscheidungsvorschlag tragenden Gründe mitzuteilen sind. Die praxistaugliche Lösung beschränkt sich auf den **Erfolg versprechenden Anspruch** und retardiert nicht erst zum Zwecke der Wissensausbreitung.

---

[146] Vgl. Übungsfall 3.
[147] *Hecker/Temmen* JuS 2000, 693 (697).
[148] Vgl. oben Rn. 99.
[149] *Formann/Schroeder* JA 2006, 47 (51).

Auch der Anwalt schuldet dem Mandanten keine vollständige rechtliche Analyse. Er kann sich darauf beschränken, eine deutlich vorteilhafter erscheinende Alternative zu empfehlen.[150]

106 Ausnahmen gelten bspw. unter dem Gesichtspunkt des **„sichersten Weges“**, wenn – wie bei § 280 I BGB gegenüber § 823 I BGB – die Beweislastverteilung hinsichtlich des Verschuldens günstiger ist. Allerdings kann es Fälle geben, beiden denen sich bestimmte rechtliche Fragen geradezu aufdrängen. Diese darf sich der Kandidat nicht abschneiden, zumal ein klägerischer Rechtsanwalt verpflichtet ist, die zugunsten seiner Partei sprechenden rechtlichen Gesichtspunkte möglichst umfassend darzustellen, damit sie das Gericht berücksichtigen kann.[151]

Im Regelfall sind ausscheidende oder unzweckmäßige Ansprüche kurzerhand zu erledigen:

Beispiel: *„Auf einen Anspruch aus ungerechtfertigter Bereicherung muss ich nicht mehr eingehen, denn er würde nur zum Ersatz des Veräußerungserlöses führen.“*

107 Hat der Mandant bereits selbst Klage erhoben oder einen Vollstreckungsbescheid erwirkt, so ist der Rechtsanwalt hierdurch selbstverständlich nicht gehindert, eine abweichende Lösung vorzuschlagen.[152] Dies kann eine Klageänderung (§ 263 ZPO), etwa in Form einer Teilklagerücknahme, Klageerweiterung oder eines Hilfsantrages zur Folge haben. Selbstverständlich ist der Mandant über etwaige negative Kostenfolgen aufzuklären.

107a Auf Fragen der **Zulässigkeit** der Inanspruchnahme des Gerichts ist erst nach Prüfung der materiellen Rechtslage einzugehen, weil sich aus dieser besondere Zulässigkeitsanspekte ergeben können.[153] Wenn Klageerhebung empfohlen wird, sollte der Antrag nach § 331 III ZPO nicht vergessen werden.

II. Beklagtenperspektive

108 Aus Beklagtensicht erfordert die rechtliche Würdigung eine Prüfung der Zulässigkeit der Klage (sofern sie problematisch ist) sowie der Begründetheit. Dies entspricht der gewohnten Abfolge. In den eher seltenen Fällen der Unzulässigkeit ist aber aus anwaltlicher Vorsicht auch die Begründetheit zu prüfen und unter Zweckmäßigkeitsgesichts-

---

[150] BGH NJW 2007, 2485.

[151] BGH NJW 2002, 1413; BGH WM 2013, 1754.

[152] *Theesfeld*, S. 25.

[153] *Kaiser* JA 2008, 721.

punkten zu erwägen, ob die Unzulässigkeit überhaupt gerügt wird (§§ 39, 295 I ZPO).

Die **Begründetheitsprüfung** erfolgt wie gewohnt nach Schlüssigkeit des Klägervortrags, Erheblichkeit möglicher Einwendungen sowie der Beweislage bei streitigen Tatsachen.

Ist gegen den Mandanten ein Versäumnisurteil ergangen, so ist neben dem Einspruch (ggf. mit Fristproblemen) zu untersuchen, ob und inwieweit dieses Urteil zu Recht ergangen ist (§ 343 ZPO).

Aus taktischer Sicht ist es auch beim Aktenvortrag sehr unwahrscheinlich, dass die Klage vollständig schlüssig ist und für den Mandanten nichts Erhebliches vorgetragen werden kann.[154] Dann müsste man zum Nichtstun raten.

III. Vorgezogene Replik

Der vorgerichtlichen Korrespondenz oder den Schilderungen des **109**
Mandanten wird sich entnehmen lassen, ob die Gegenseite den eigenen Vortrag voraussichtlich bestreiten oder konkrete Einwendungstatsachen vorbringen wird.

Aus anwaltlicher Sorgfalt heraus können solche künftigen Behauptungen bereits vorab zu bestreiten oder ihnen gar eine vorgezogene Replik entgegenzusetzen sein. Denn der Anwalt hat stets die Gegenmöglichkeiten der anderen Seite zu erwägen und dafür in rechtlicher und tatsächlicher Hinsicht Vorsorge zu treffen.[155] Dies sollte durch entsprechende Formulierungen im Vortrag zum Ausdruck kommen.

Beispiel: *„Ich halte es aus Gründen anwaltlicher Vorsorge für geboten, hierzu bereits innerhalb der Klageschrift vorzutragen."*

Ganz besonders wichtig ist es, auf **Ansprüche des Gegners gegen den Mandanten** einzugehen, die der Gegner – durch Aufrechnung, Widerklage oder Zurückbehaltungsrecht – wahrscheinlich in den Prozess einführen wird. Diese Ansprüche sind nach den Mandantenansprüchen und verbunden mit der Frage zu prüfen, wie hierauf repliziert werden kann.

E. Beweisprognose

Zeigt sich, dass die Erfolg versprechende Rechtsverfolgung oder **110**
Rechtsverteidigung im Prozess zumindest teilweise auf streitige Tatsachen gestützt werden muss, so hat **bei dem konkreten Tatbestands-**

[154] *Kaiser* JA 2009, 716 Fn. 9.
[155] *Patett*, S. 1117.

merkmal im Rahmen der rechtlichen Würdigung eine Beweisprognose zu erfolgen. Dies fordert der Bearbeitervermerk oftmals ausdrücklich.

Hier muss dazu Stellung genommen werden, wer die Darlegungs- und Beweislast trägt, ob Beweis- oder Gegenbeweismittel zur Verfügung stehen und wie zuverlässig diese erscheinen.

Beispiel: *„Herr Schuster hat den Zugang des Kündigungsschreibens bestritten. Für den Zugang im Sinne von § 130 I BGB ist der Mandant beweispflichtig. Hier steht die Ehefrau des Mandanten als Zeugin zur Verfügung. Sie war beim Einwurf des Schreibens in den Briefkasten des Herrn Schuster zugegen und kannte den Inhalt des Schreibens. Damit lässt sich nachweisen, dass es in den Machtbereich des Herrn Schuster gelangt ist. Entsprechend ist ein Beweisantrag zu stellen. Die Ehefrau kann bei objektiver Bewertung auch nicht als per se unglaubwürdig gelten."*

111 Dieses Beispiel enthält zugleich eine Art **vorgezogene Replik** in dem oben beschriebene Sinne. Denn das Bestreiten des Gegners ist bislang erst vorgerichtlich erfolgt und wird für den Prozess lediglich erwartet. Hierauf ist aber bereits zu regieren und vorab die Frage der subjektiven Beweislast zu klären.

112 Eine solche Beweisprognose ist natürlich noch keine voll Beweiswürdigung i.S.v. § 286 ZPO. Es handelt sich vielmehr um eine vorläufige **Bewertung der Vorteile und Gefahren einer Beweisaufnahme**, eine Wahrscheinlichkeitsprognose.[156] Sie kann dazu führen, dass dem Mandanten wegen schlechter Beweislage von einer Klageerhebung abzuraten ist.

113 In einem anhängigen Verfahren ist unter Umständen bereits ein gerichtlicher **Beweisbeschluss** ergangen. Dann lässt sich erkennen, welche Behauptungen das Gericht für erheblich und beweisbedürftig angesehen hat und von welcher Beweislastverteilung es ausgegangen ist.[157]

F. Zweckmäßigkeitserwägungen

114 Der Bearbeitervermerk verlangt in nahezu allen Fällen Überlegungen zur Zweckmäßigkeit des anwaltlichen Verhaltens. Auch ohne eine solche Erwähnung handelt es sich um eine Selbstverständlichkeit, die nicht unterschlagen werden darf. Der Kandidat kann an dieser Stelle Verständnis für prozessuale Gestaltungsmöglichkeiten zeigen.[158]

---

[156] *Patett*, S. 1134.
[157] *Patett*, S. 1129.
[158] *Kaiser* JA 2008, 721 (722).

Es geht hier in erster Linie um **prozesstaktische Aspekte**, auch um Fragen der Zeit- und Kostenersparnis und der Risiken eines Prozesses. Es entspricht anwaltlicher Pflicht, für den Mandanten zur Durchsetzung seiner Interessen den **sichersten und kostengünstigsten Weg** zu wählen.[159] Stehen mehrere Handlungsalternativen zur Wahl, so hat sich der Rechtsanwalt auch und vor allem an den erkennbaren Interessen des Mandanten zu orientieren.[160]

Dabei können vielfältige Erwägungen eine Rolle spielen; die wichtigsten lassen sich wie folgt zusammenfassen: **115**

Aus Sicht des **Anspruchstellers:**
- Mehrheit von Schuldnern/Beklagten;
- außergerichtliche Geltendmachung, Mahnverfahren oder Klageerhebung (ggf. im Urkundenprozess oder als Teilklage);
- außergerichtliche Leistungsaufforderung im Hinblick auf das Kostenrisiko nach § 93 ZPO;[161]
- Fristwahrung und § 167 ZPO;
- Zug-um-Zug-Antrag (ggf. mit Feststellung des Annahmeverzuges);
- Stufenklage (§ 254 ZPO);
- Geltendmachung zukünftig fällig werdender Leistungen (§§ 258, 259 ZPO);
- Ergänzung des Tatsachenvortrags durch Hilfsvorbringen;
- Eventualklagehäufung;
- flankierender einstweiliger Rechtsschutz (z.B. § 769 ZPO);
- Klage auf Titelherausgabe (analog § 371 BGB) zusätzlich zur Vollstreckungsabwehrklage (§ 767 ZPO);
- Prozesskostenhilfeantrag;
- (Teil-)Klagerücknahme oder Erledigungserklärung.

Aus Sicht des **Anspruchsgegners**:

- sofortiges (Teil-)Anerkenntnis und Erfüllung des Anspruchs;
- rügeloses Einlassen (§§ 39, 295 ZPO);
- Präklusion (§ 296 ZPO) und „Flucht in der Säumnis";
- Zurückbehaltungsrecht, Aufrechnung und Widerklage, ggf. im Eventualverhältnis sowie unter Berücksichtigung der Kostenfrage (§ 45 GKG) und des § 506 ZPO;
- Drittwiderklage;
- negative Festellungsklage;
- Streitverkündung (§§ 72 ff. ZPO);
- Vollstreckungsschutzantrag (§§ 707, 719 ZPO);

---

[159] Palandt/*Grüneberg,* § 280 Rn. 69 ff. m.w.N.
[160] BGH NJW 2007, 2485.
[161] Vgl. Übungsfall 4.

– Wiedereinsetzung in den vorigen Stand (§§ 233 ff. ZPO);
– Prozesskostenhilfeantrag;[162]
– Adressierung an den Rechtsanwalt des Antragstellers (§ 12 I BORA).

116 Es versteht sich, dass nur die nach Maßgabe des Aktenstücks konkret in Betracht kommenden Punkte anzusprechen sind. Alles andere würde gekünstelt und praxisfern wirken. Diese Zweckmäßigkeitserwägungen müssen im Übrigen **nicht unbedingt einen abgegrenzten Prüfungsabschnitt** bilden. Falsch wäre es bspw., erst mehrere mögliche Klageanträge abzuhandeln und dann einem von diesen im Rahmen der Zweckmäßigkeit den Vorzug zu geben.[163] Dann retardiert man zu viel und prüft im Ergebnis überflüssiges.

Vielmehr ist innerhalb der Prüfung des letztlich bejahten Anspruchs (im Urteilsstil!) zu erläutern, warum dieser Weg gegenüber einem anderen als taktisch günstiger erscheint.

***Beispiel:** „Dieser Weg hat den Vorteil, dass aus einem obsiegenden Urteil auch gegen den jeweiligen Besitzer der Sache vorgegangen werden kann, nachdem der Titel gemäß § 727 I ZPO umgeschrieben worden ist."*

---

[162] Übungsfall hierzu bei *v. Hartz/Schreiter* JuS 2002, 380.
[163] So aber *Theesfeld*, S. 26.

Kapitel 8. Übungsfälle

Übungsfall 1 – Fitness und Fristen

I. Vorbemerkung

Der nachfolgende Fall ist einer Original-Akte aus dem nordrhein-westfälischen Staatsexamen nachgebildet. Es liegt also eine Vorbereitungszeit von 60 Minuten zugrunde, was auch als realistisch erscheint. Thematisch geht es um Fristfragen im Rahmen eines Mahnverfahrens. 117

II. Aktenauszug 118

Christian Conrad 05.08.2015
Rechtsanwalt
Bismarckstraße 12
34117 Kassel

An das
Amtsgericht Hagen
\- Mahnabteilung -

Eingang: 06.08.2015

In der Mahnsache

Aktiv Fitnessclub, Inhaber *Jochen Schuster*, Kardinalstraße 45, 48165 Münster,

\- Klägerin -

g e g e n

Tamara Dallmeier, Weißdornweg, 34125 Kassel,

\- Beklagte -

lege ich namens und in Vollmacht der Beklagten gegen den Vollstreckungsbescheid vom 27.04.2015, Az. 15-2618446-0-4,

Einspruch

ein. Ich werde beantragen,

den Vollstreckungsbescheid aufzuheben und die Klage abzuweisen.

Vorsorglich wird wegen der Versäumung der Einspruchsfrist die

Wiedereinsetzung in den vorigen Stand

beantragt. Offensichtlich ist die Zustellung des Vollstreckungsbescheids an die Beklagte nicht ordnungsgemäß erfolgt.

Conrad
Rechtsanwalt

Es folgt die von einem Rechtspfleger unterzeichnete Verfügung des *Amtsgerichts Hagen* vom 13.08.2015, wonach der Rechtsstreit zur Durchführung des streitigen Verfahrens von Amts wegen an das *Amtsgericht Münster* abgegeben wird.

Dr. Ruhmreich & Kollegen 27.08.2015
Rechtsanwälte
Parkallee 3
48155 Münster

An das
Amtsgericht Münster

Eingang: 28.08.2015

In dem Rechtsstreit

Aktiv Fitnessclub Schuster ./. Dallmeier
\- 5 C 2377/15 -

zeigen wir die Vertretung der Klägerin an. Ordnungsgemäße Bevollmächtigung wird versichert. Wir beantragen,

> den Einspruch der Beklagten gegen den Vollstreckungsbescheid des *Amtsgerichts Hagen* vom 27.04.2015, Az. 15-2618446-0-4, zugestellt am 04.05.2015, als unzulässig zu verwerfen.

Hilfsweise wird beantragt,

> den Vollstreckungsbescheid des *Amtsgerichts Hagen* vom 27.04. 2015, Az. 15-2618446-0-4, aufrecht zu erhalten.

<u>Begründung:</u>

1.
Der Einspruch vom 05.08.2015 gegen den Vollstreckungsbescheid vom 27.04.2015 ist offensichtlich verspätet und damit unzulässig. Das *Amtsgericht Hagen* hat den Vollstreckungsbescheid am 04.05.2015 der Beklagten zugestellt. Die Zustellung erfolgte unter der damals gültigen Anschrift der Beklagten in der Buchfinkstraße 8 in Münster.
Unter dieser Adresse fand bereits am 26.06.2015 ein fruchtloser Zwangsvollstreckungsversuch durch den Gerichtsvollzieher *Trautner* statt, bei dem die Beklagte anwesend war. Spätestens zu diesem Zeitpunkt wusste die Beklagte, dass gegen sie ein Vollstreckungsbescheid erlassen worden war. Die Forderung steht daher rechtskräftig fest.

2.
Lediglich hilfsweise wird zur Begründung der Forderung folgendes ausgeführt:
Der Inhaber der Klägerin betreibt ein Fitnessstudio in Münster. Die Beklagte, eine Studentin, meldete sich am 03.02.2014 zum Training in diesem Fitnessstudio an. Für Studenten beträgt der vertragliche Monatsbeitrag 35,- €.

<u>Beweis</u>: Vertragsformular vom 03.02.2014 in Kopie (Anlage K 1)

Allerdings zahlte die Beklagte nur bis einschließlich April 2014. Danach nahm sie die Leistungen des Fitnessclubs nicht mehr in Anspruch. Dennoch waren weitere Monatsbeiträge fällig, die die Beklagte aber nicht zahlte. Auch mehrere Mahnungen blieben erfolglos. Daher ist die Klägerin gezwungen, die ausstehenden neun Monatsbeiträge gerichtlich geltend zu machen. Hierzu ist sie aufgrund des Vertrages vom 03.02.2014 berechtigt.

Dr. Ruhmreich
Rechtsanwalt

Anlage K 1 (Auszug)

AKTIV FITNESSCLUB
Jochen Schuster
Kardinalstraße 45, 48145 Münster

Hiermit erkläre ich meine Anmeldung zum Training im Aktiv-Fitnessclub zu nachfolgenden Bedingungen, die ich durch meine Unterschrift verbindlich anerkenne:

Anmeldung am: *03.02.2014*
Dauer der Mitgliedschaft: *12 Monate*
Anmeldegebühr: *50,- €*
Monatsbeitrag: *35,- €*

1. Rechte des Mitglieds
[...]

2. Haftungsausschluss
[...]

3. Zahlungsweise
Der oben genannte Monatsbeitrag ist bis zum 3. eines jeden Monats im Voraus zu zahlen. Die Anmeldegebühr ist sofort bei der Anmeldung fällig. Der Betrag ist auch dann bis zum Ablauf der Mitgliedschaft zu zahlen, wenn die Leistungen des Fitnessclubs nicht in Anspruch genommen werden.

4. Krankheit/Ausfallzeit
[...]

5. Dauer der Mitgliedschaft/Kündigung
Diese Anmeldung verlängert sich automatisch um jeweils 3 Monate, sofern nicht 6 Wochen vor Ablauf der vereinbarten Zeit eine schriftliche Kündigung erfolgt.
Kündigung bei Wegzug aus Münster sofort möglich

Name, Vorname: *Dallmeier, Tamara*
Geburtsdatum: *26.10.1990*
Wohnort: *Buchfinkstraße 8, Münster*

Unterschrift Aktiv Fitnessclub	Unterschrift Mitglied
Schuster	*Dallmeier*

Christian Conrad 24.09.2015
Rechtsanwalt
Bismarckstraße 12
34117 Kassel

An das
Amtsgericht Münster

Eingang: 25.09.2015

In Sachen
Aktiv Fitnessclub Schuster ./. Dallmeier
- 5 C 2377/15 -

begründe ich meine Anträge vom 05.08.2015 wie folgt:

1.
Es kann durchaus sein, dass sowohl Mahn- als auch Vollstreckungsbescheid jeweils unter der alten Wohnanschrift der Beklagten im Buchfinkenweg 8 in Münster zugestellt worden sind. Dort wohnte die Beklagte in einer Studenten-WG. Die Schriftstücke wurden der Beklagten jedoch keinesfalls persönlich ausgehändigt. Wie erst jetzt in Erfahrung gebracht werden konnte, hat die 20-jährige damalige Mitbewohnerin der Beklagten, Frau *Sabine Habermann*, die Post entgegengenommen, aber versehentlich nicht weitergeleitet. Die Beklagte ist Anfang Juli 2015 nach Kassel umgezogen.

Ferner trifft es zu, dass der Gerichtsvollzieher Ende Juni 2015 einen Versuch unternommen hat, bei der Beklagten den streitigen Betrag zu vollstrecken. Allerdings schenkte die Beklagte dem keine größere Aufmerksamkeit, da die Vollstreckung erfolglos verlief und sie davon ausgehen durfte, dass die Angelegenheit mit ihrem anschließenden Umzug nach Kassel erledigt sei. Bei diesem Vollstreckungsversuch wurde der Beklagten kein Vollstreckungsbescheid übergeben.

Glaubhaftmachung: Eidesstattliche Versicherung der Beklagten (Anlage B 1)

2.
In der Sache selbst ist in aller Kürze folgendes auszuführen:
Die Klägerin kann den streitigen Betrag nicht von der Beklagten fordern. Denn die Beklagte war berechtigt, den Vertrag vom 03.02.2014 zu kündigen. Im Vertrag ist ausdrücklich geregelt:

„Kündigung bei Wegzug aus Münster sofort möglich“

Die Beklagte hat von diesem Kündigungsrecht bereits Ende März 2014 gegenüber Herrn *Schuster* Gebrauch gemacht, als feststand, dass sie 2015 nach Kassel umziehen werde.

Beweis: Zeugnis der Frau *Michaela Kurz*, Konradstraße 23, 48145 Münster

Demnach hat die Klägerin keinen Anspruch auf die restlichen Monatsraten.

Conrad
Rechtsanwalt

Es folgt die Verfügung des zuständigen Amtsrichters vom 28.09.2015 betreffend die Zustellung dieses Schriftsatzes an die Rechtsanwälte *Dr. Ruhmreich & Kollegen* mit Gelegenheit zur Stellungnahme binnen 2 Wochen.

III. Bearbeitervermerk

119

1. Dem Gericht wird die Akte am 20.10.2015 zur Entscheidung über das weitere Vorgehen vorgelegt. Diese Entscheidung des Gerichts ist vorzuschlagen.
2. Wird ein rechtlicher Hinweis für erforderlich gehalten, so ist zu unterstellen, dass dieser ordnungsgemäß erfolgt ist.
3. Die Rechtsanwälte *Dr. Ruhmreich & Kollegen* haben für die Klägerin keine weitere Stellungnahme abgegeben.
4. Der Mahnbescheid über die Zahlung von 315,- € nebst Zinsen datiert vom 26.03.2015. Er wurde der Beklagten gemäß der Zustellungsurkunde am 07.04.2015 durch Ersatzzustellung an die Mitbewohnerin zugestellt. Der Vollstreckungsbescheid vom 27.04.2015 wurde am 04.05.2015 in der gleichen Weise zugestellt.
5. Es ist davon auszugehen, dass die eidesstattliche Versicherung der Beklagten dem Sachvortrag ihres Rechtsanwalts entspricht.

IV. Lösungsvorschlag

Ich trage vor über einen Rechtsstreit, der im Oktober 2015 am *Amtsgericht Münster* zur Entscheidung anstand. Klägerin ist die Firma Aktiv Fitnessclub, Inhaber *Jochen Schuster*, aus Münster. Die Beklagte, Frau *Tamara Dallmeier*, war zuletzt wohnhaft in Kassel. Die Parteien streiten über die Zulässigkeit eines Einspruchs gegen einen Vollstreckungsbescheid. Grundlage ist folgender Sachverhalt: **120**

Im Februar 2014 schlossen die Parteien einen Vertrag über die Mitgliedschaft der Beklagten in einem von der Klägerin betriebenen Fitnessclub. Die Einzelheiten dieses Vertrages ergeben sich aus dem als Anlage K 1 vorgelegten Formular.

Nachdem die Beklagte für die Monate Mai 2014 bis Januar 2015 den monatlichen Mitgliedsbeitrag von jeweils 35,- € nicht zahlte, erließ das *Amtsgericht Hagen* am 26.03.2015 auf Antrag der Klägerin einen Mahnbescheid über 315,- € gegen die Beklagte. Diese wohnte seinerzeit in Münster. Dort wurde der Mahnbescheid zwölf Tage später der 20-jährigen damaligen Mitbewohnerin der Beklagten zum Zwecke der Zustellung übergeben.

Der Vollstreckungsbescheid des *Amtsgerichts Hagen* wurde am 04.05.2015 in der gleichen Weise an die Mitbewohnerin der Beklagten übergeben.

Ende Juni 2015 kam es zu einem erfolglosen Zwangsvollstreckungsversuch im Auftrag der Klägerin, bei dem die Beklagte anwesend war.

Mit einem beim *Amtsgericht Hagen* am 06.08.2015 eingegangenen Schriftsatz ließ die Beklagte gegen den Vollstreckungsbescheid Einspruch einlegen.

Die Klägerin beantragt, den Einspruch als unzulässig zu verwerfen, hilfsweise den Vollstreckungsbescheid aufrecht zu erhalten.

Die Beklagte beantragt, den Vollstreckungsbescheid aufzuheben und die Klage abzuweisen sowie hilfsweise, ihr hinsichtlich der Einspruchsfrist Wiedereinsetzung in den vorigen Stand zu gewähren.

Sie ist der Auffassung, eine wirksame Zustellung des Vollstreckungsbescheids habe nicht stattgefunden, nachdem die Schriftstücke – insoweit unstreitig – der Beklagten nicht weitergeleitet worden sind.

Ich schlage vor, sowohl den Einspruch als auch den Wiedereinsetzungsantrag durch Urteil zu verwerfen.

Dies ergibt sich im Wesentlichen aus folgenden rechtlichen Erwägungen:

Dabei gehe ich zunächst auf die Zulässigkeit des Einspruchs und sodann auf den Wiedereinsetzungsantrag ein. Über beide Punkte entscheidet nach §§ 700 III 2, 694 I 4, 237 ZPO das *Amtsgericht Münster*. Dessen Zuständigkeit wird durch den zwischenzeitlichen Wohnungswechsel der Beklagten nicht berührt; §§ 700 II, 261 III Nr. 2 ZPO.

Der gem. §§ 700 I, 338 ZPO statthafte Einspruch gegen den Vollstreckungsbescheid des *Amtsgerichts Hagen* ist unzulässig. Denn die Beklagte hat die Einspruchsfrist versäumt. Diese beträgt gem. §§ 700 I, 339 I ZPO zwei Wochen und stellt eine mit wirksamer Zustellung beginnende Notfrist dar.

Im vorliegenden Fall ist der Vollstreckungsbescheid an eine erwachsene Mitbewohnerin der Beklagten übergeben worden. Damit ist gem. § 178 I Nr. 1 ZPO eine wirksame Ersatzzustellung erfolgt. Auf die Weiterleitung des Schriftstücks an die Beklagte kommt es in diesem Zusammenhang nicht an.[164] Nach § 222 I ZPO i.V.m. §§ 187, 188 BGB endete die Einspruchsfrist damit am 18.05.2015.

Auch der hilfsweise gestellte Antrag auf Wiedereinsetzung in den vorigen Stand ist unzulässig, denn auch er erweist sich als verfristet. Die Antragsfrist beträgt zwei Wochen und beginnt gem. § 234 II ZPO mit dem Wegfall des Hindernisses. Hier hatte die Beklagte mangels Weitergabe des zugestellten Vollstreckungsbescheides offenbar keine Kenntnis von dessen Erlass. In diesem Fall beginnt die Frist mit dem Zeitpunkt des Erkennens oder Erkennenmüssens, dass die Einlegung eines Rechtsbehelfs versäumt worden ist.[165] Diese Erkenntnis hatte die Beklagte spätestens seit dem Zwangsvollstreckungsversuch Ende Juni 2015. Hierbei erfuhr sie von der Existenz des Vollstreckungsbescheids. Der Schriftsatz des Beklagtenvertreters ging also zu spät bei Gericht ein.

Wie sich aus § 341 ZPO ergibt, ist der Einspruch durch Urteil zu verwerfen. Eine mündliche Verhandlung ist nicht erforderlich.[166] Das Gericht hat jedoch die Parteien vorab auf seine Zulässigkeitsbedenken hinzuweisen.[167] Dies ist geschehen.[168] Gemäß § 238 I 1 ZPO ergeht gleichzeitig eine Entscheidung über die Wiedereinsetzung.

Für die einheitlich zu treffende Kostenentscheidung gilt § 97 I ZPO entsprechend.[169] Die Entscheidung zur vorläufigen Vollstreckbarkeit beruht auf § 708 Nr. 3 ZPO.

---

[164] Thomas/Putzo/*Hüßtege*, § 178 Rn. 22.

[165] BGH NJW 1992, 2098; BGH NJW-RR 1999, 430.

[166] Darüber hinaus muss kein Verkündungstermin bestimmt werden (§ 310 III 2 ZPO).

[167] BGH VersR 1975, 899; BGH NJW-RR 2006, 142 (jew. für den Fall der Berufungsverwerfung).

[168] Ziffer 2 des Bearbeitervermerks.

[169] Thomas/Putzo/*Reichold*, § 341 Rn. 5; Musielak/*Stadler*, § 341 Rn. 2; a.A. *Anders/Gehle*, Kap. H Rn. 14 (§ 91 ZPO).

Zusammenfassend ergibt sich folgender **Tenor**:

1. Der Einspruch der Beklagten gegen den Vollstreckungsbescheid des *Amtsgerichts Hagen* vom 27.04.2015, Az. 15-2618446-0-4, wird als unzulässig verworfen.
2. Der Antrag der Beklagten auf Wiedereinsetzung in den vorigen Stand wird verworfen.
3. Die weiteren Kosten des Rechtsstreits hat die Beklagte zu tragen.
4. Das Urteil ist vorläufig vollstreckbar.

Ich bedanke mich für Ihre Aufmerksamkeit.

V. Ergänzende Bemerkungen

Der Fall ist von einfacherem Schwierigkeitsgrad. Er zeigt, dass es **121**
beim Aktenvortrag – anders als bei Klausuren – durchaus Konstellationen gibt, die vollständig im prozessualen Bereich zu lösen sind. Schon die Tatsache, dass es vorliegend keine mündliche Verhandlung gegeben hat sowie dass Mahn- und Vollstreckungsbescheid nicht abgedruckt worden sind, muss sensibilisieren. Eine Sachentscheidung darüber, ob der Vollstreckungsbescheid zu Recht erging, ist also offensichtlich nicht zu treffen. Es ist auch nicht in einer Art Hilfsgutachten der materiellrechtliche Anspruch zu prüfen gewesen. Denn im Rahmen des § 341 ZPO erfolgt – anders als bei der Verwerfung nach §§ 700 VI, 345 ZPO – keine Sachprüfung.[170] Entsprechend knapp können die Ausführungen zum Nutzungsvertrag für den Fitnessclub ausfallen. Die Ansicht der Beklagten zum Wegfall der Zahlungspflicht infolge einer Kündigung ist gänzlich unerheblich.

In der Einspruchssituation bleibt es auch bei Fristproblemen und Wiedereinsetzungsantrag dabei, dass im Sachverhalt erst der Klägerantrag und anschließend der Beklagtenantrag wiedergegeben werden.[171]

Nachdem das Säumnisverfahren zwei Formen der Einspruchsverwerfung kennt und der Wortlaut des § 341 ZPO eindeutig ist, muss im Tenor die Formulierung „als unzulässig" aufgenommen werden.

---

[170] BGH NJW-RR 2007, 1363; Thomas/Putzo/*Reichold*, § 341 Rn. 5.
[171] *Anders*/*Gehle*, Kap. H Rn. 22.

Übungsfall 2 – Erledigte Abschleppkosten

I. Vorbemerkung

Diesem Aktenvortrag liegt in seinem Kern eine leicht abgewandelte sachen- und deliktsrechtliche Entscheidung des *BGH*[172] zugrunde, die einen Sachverhalt von erheblicher praktischer Relevanz betrifft.[173] Zu Übungszwecken wurde der Fall in die typische Konstellation einer übereinstimmenden Erledigungserklärung eingekleidet. **122**

II. Aktenauszug

Rechtsanwältin 04.01.2016 **123**
Annegret Althaus
An der Trave 5
23795 Bad Segeberg

An das
Amtsgericht Neumünster
- Zivilabteilung - Eingang: 05.01.2016

Klage

In Sachen

Hermann Haller, Havkamp 1, 23795 Bad Segeberg

- Kläger -

gegen

Fa. *Raumer Abschleppdienst GmbH*, vertr. d. d. Geschäftsführer *Ralf Raumer*, Raabeweg 33, 24536 Neumünster

- Beklagte -

wegen: Forderung

---

[172] BGH NJW 2014, 3727 = JuS 2015, 269 *(K. Schmidt)*.

[173] Vgl. zum Überblick bspw. *Koch* NZV 2010, 336; *ders.* NJW 2014, 3696; Klausurfall bei *Pöschke/Sonntag* JuS 2009, 711.

erhebe ich namens und in Vollmacht des Klägers Klage und beantrage,

> die Beklagte zu verurteilen, in die Auszahlung des bei der Hinterlegungsstelle des Amtsgerichts Neumünster zu Az. HL 688/15 hinterlegten Betrages von 250,- € an den Kläger einzuwilligen.

Sofern das Gericht ein schriftliches Vorverfahren anordnet und die Beklagte nicht rechtszeitig Verteidigungsabsicht erklärt, beantrage ich den Erlass eines Versäumnisurteils gem. § 331 III ZPO.

<u>B e g r ü n d u n g:</u>

1.
Der Kläger ist Eigentümer und Halter des PKW Ford Focus mit dem amtl. Kennzeichen SE-HH 764.

<u>Beweis im Bestreitensfall</u>: Zeugnis der Frau *Gabriele Haller*, whft. wie der Kläger

Dieses Fahrzeug stellte er am 01.12.2015 gegen 17.00 Uhr auf dem als solches gekennzeichneten Kundenparkplatz der Tanzschule „Let's dance“ in der Parkstraße 3 in Neumünster ab. Betreiberin der besagten Tanzschule ist Frau Tamara Tauber.

<u>Beweis</u>: Zeugnis der Frau *Tamara Tauber*, Parkstraße 3, 24534 Neumünster

Nach den Erkenntnissen des Klägers ist die Zeugin Tauber auch Eigentümerin des Grundstücks, auf dem die Tanzschule betrieben wird und auf dem auch der Kundenparkplatz gelegen ist.

<u>Beweis im Bestreitensfall</u>: Auszug aus dem Grundbuch des Amtsgerichts Neumünster

Der Kläger selbst gehört nicht zu den Kunden der Tanzschule. Er war in Eile, musste eine wichtige Angelegenheit bei seiner in der Nähe gelegenen Bank erledigen und wusste sich nicht anders zu helfen, als sein Fahrzeug an der genannten Stelle zu parken. Dies registrierte Frau Tauber und beauftragte die Beklagte telefonisch damit, das Fahrzeug des Klägers zu entfernen. Sodann kam ein Mitarbeiter der Beklagten und schleppte das Fahrzeug des Klägers tatsächlich ab. Dieser Sachverhalt dürfte unstreitig bleiben.

Nachdem der Kläger aus der Bank zurückgekehrt war, fand er dementsprechend seinen PKW nicht mehr wieder. Auf Nachfrage verwies die Zeugin Tauber den Kläger an die Beklagte. Die Zeugin erklärte, sie habe einen Rahmenvertrag mit der Beklagten mit einem Pauschalpreis von 250,- € brutto pro Abschleppvorgang geschlossen und etwaige Ansprüche wegen des unberechtigten Parkens an die Beklagte abgetreten.

Beweis: Zeugnis der Frau *Tamara Tauber*, b.b.

Daraufhin rief der Kläger bei der Beklagten an. Eine Mitarbeiterin der Beklagten erklärte, der Standort des PKW werde bekanntgegeben, sobald der Fahrzeugführer benannt und die durch das Abschleppen entstandenen Kosten von 250,- € beglichen seien. Der Kläger bot zunächst an, 100,- € zu zahlen, wenn ihm der Standort mitgeteilt werde. Damit war die Beklagte jedoch nicht einverstanden. Auf Anraten der Unterzeichnerin hinterlegte der Kläger am 03.12.2015 einen Betrag von 250,- € beim Amtsgericht Neumünster (Az. HL 688/15). Als mögliche Empfangsberechtigte sind der Kläger als Hinterleger und die Beklagte bezeichnet.

Beweis: Hinterlegungsschein (Anlage K 1)

Erst anschließend teilte die Beklagte dem Kläger den Standort des Fahrzeugs mit und der Kläger konnte seinen PKW, auf den er ständig angewiesen ist, wieder nutzen.

2.
Die Beklagte hat keinen Zahlungsanspruch gegen den Kläger aus abgetretenem Recht wegen des geschilderten Abschleppvorgangs. Daher kann der Kläger die Freigabe des gesamten hinterlegten Betrages verlangen.

Der Kläger hat sein Fahrzeug wohl unberechtigt auf dem Kundenparkplatz abgestellt, das räumt er durchaus ein. Er hat jedoch eindeutig nicht das Eigentum der Zeugin Tauber verletzt. Allenfalls liegt eine reine Besitzstörung für kurze Zeit vor. Es ist auch nicht ersichtlich, dass es während dieser Zeit von ca. 30 Minuten anderen Kunden des Tanzstudios unmöglich war, ihre jeweiligen Fahrzeuge vor Ort abzustellen. Daher liegt auch keine Beeinträchtigung des Gewerbebetriebs der Zeugin Tauber vor. Vielmehr handelt es sich um eine maßlose Überreaktion dergestalt, dass die Zeugin Tauber ohne großes Zuwarten die Beklagte mit dem Abschleppen beauftragte und dieser dadurch ein scheinbar lukratives Geschäft verschaffte. Der Kläger wird dieses rechtsmissbräuchliche Handeln jedoch nicht hinnehmen.

Ein eigener vertraglicher Anspruch der Beklagten besteht natürlich auch nicht, weil deren Auftraggeberin einzig und allein die Zeugin Tauber war.

Althaus
Rechtsanwältin

Hinweis: Der erforderliche Gerichtskostenvorschuss wurde mit der Klage eingezahlt. Das Amtsgericht beraumt daraufhin einen frühen ersten Termin an und verfügt die Zustellung der Klageschrift an die Beklagte mit Frist zur Erwiderung binnen 3 Wochen. Die Ladung zum Termin und die Klageschrift wurden der Beklagten am 12.01.2016 zugestellt.

RAUMER
Abschleppdienst GmbH
Raabeweg 33 – 24536 Neumünster

An das
Amtsgericht Neumünster

Eingang: 26.01.2016

Betr.: Aktenzeichen 2 C 9/16

Sehr geehrte Damen und Herren,
werte Frau Richterin Dr. Fröbel,

ich nehme Bezug auf das gerichtliche Schreiben vom 08.01.2016 und die uns zugestellte Klageschrift.

Zunächst möchte ich dem Gericht mitteilen dass ich am Freitag letzter Woche persönlich bei der Hinterlegungsstelle war und dort zu Protokoll gegeben habe, dass der Betrag von 250,- € meinetwegen an Herrn Haller zurückgezahlt werden kann. Dies habe ich jedoch allein deshalb getan, weil wir ein alteingesessenes, seriöses Unternehmen sind, das seine Zeit nicht mit Gerichtsprozessen über derartige Geldbeträge verschwenden kann. Uns ist an Rechtsfrieden gelegen und ein Urteil halte ich in dieser Angelegenheit daher nicht für notwendig.

Ich möchte aber betonen, dass wir die 250,- € durchaus von Herrn Haller fordern durften. Es trifft zu, dass wir mit der Tanzschule von Frau Tauber – wie auch mit anderen innerstädtischen Gewerbetreibenden – einen Rahmenvertrag geschlossen haben und auf telefonischen Auftrag das Abschleppen unberechtigt abgestellter PKW zum Bruttopauschalpreis von 250,- € übernehmen. Wir sind ein darauf spezialisiertes Unternehmen. In dem Vertrag, den ich als Anlage beifüge, ist auch geregelt, dass uns die Ansprüche der Auftraggeberin gegen die jeweiligen Fahrzeugführer abgetreten werden. Herr Haller hat auch eingeräumt, dass er seinen PKW illegal vor der Tanzschule abgestellt hat. Meiner Meinung nach waren wir daher berechtigt, den Standort erst nach Zahlung der Kosten bekanntzugeben. Schon hier sind wir entgegengekommen und haben uns mit der Einzahlung beim Amtsgericht zufrieden gegeben. Der Betrag von 250,- € ist im Übrigen auch üblich und absolut angemessen. In diesem Preis von netto 210,08 € sind die reinen Abschleppkosten, Fixkosten für Personal und Material, Rücklagen und eine Gewinnspanne enthalten.

Daher sind wird nicht bereit, uns auch noch an den Kosten dieses Gerichtsprozesses zu beteiligen.

Mit freundlichen Grüßen

Ralf Raumer
Geschäftsführer

Amtsgericht Neumünster
Az.: 2 C 9/16

Protokoll
der öffentlichen Sitzung des Amtsgerichts Neumünster
vom 15.02.2016

Gegenwärtig:
Richterin Dr. Fröbel

Von der Hinzuziehung eines Protokollführers wurde gem. § 159 I ZPO abgesehen.

In dem Rechtsstreit

Hermann Haller, Havkamp 1, 23795 Bad Segeberg

– Kläger –

Pbv.: Rechtsanwältin *Annegret Althaus*

gegen

Fa. *Raumer Abschleppdienst GmbH*, vertr. d. d. Geschäftsführer *Ralf Raumer*, Raabeweg 33, 24536 Neumünster

– Beklagte –

wegen: Forderung

erschienen bei Aufruf der Sache:
– der Kläger mit Rechtsanwältin *Althaus*
– der Geschäftsführer der Beklagten, Herr *Ralf Raumer*

Sitzungsbeginn: 10.00 Uhr

Das Gericht führt in den Sach- und Streitstand ein.

Die Klägervertreterin erklärt: Die Beklagte hat durch ihren Geschäftsführer am 22.01.2016 bei der Hinterlegungsstelle des hiesigen Amtsgerichts die Freigabe des Betrages von 250,- € an den Kläger erklärt. Die entsprechende Bestätigung übergebe ich hiermit dem Gericht in Kopie.

Namens des Klägers erkläre ich daher den Rechtsstreit in der Hauptsache für erledigt und beantrage, der Beklagten die Kosten des Verfahrens aufzuerlegen. Die Preiskalkulation der Beklagten wird vorsorglich bestritten.

– vorgespielt und genehmigt –

Das Gericht erläutert dem Geschäftsführer der Beklagten die Bedeutung dieser soeben abgegeben Erklärung des Klägers.

Herr Raumer erklärt daraufhin: Ich habe Ihnen ja bereits geschrieben, dass ich ein Gerichtsurteil nicht für nötig halte, jedoch der Rechtsansicht des Klägers widerspreche. Ich erkenne diesen Antrag auf Erledigungserklärung an, möchte aber, dass meine Firma keine Kosten zu tragen hat.

– vorgespielt und genehmigt –

Das Gericht legt seine Auffassung der Rechtslage dar ... *[vom Abdruck wird zu Übungszwecken abgesehen]*

Abschließend ergeht folgender

Beschluss

Eine Entscheidung erfolgt im Bürowege.

Sitzungsende: 10.20 Uhr

Dr. Fröbel	*Hastig*, UdG
Richterin	Zugleich für die Richtigkeit der Übertragung vom Tonträger

---

III. Bearbeitervermerk:

1. Die Entscheidung des Gerichts ist im Rahmen eines Kurzvortrags **124** zu entwerfen.
2. Die Formalien sind in Ordnung. Die hier nicht abgedruckten Anlagen bzw. übergebenen Schriftstücke hatten jeweils den angegebenen Inhalt.
3. Für erforderlich gehaltene Hinweise wurden ordnungsgemäß erteilt und haben zu keinen weiteren Erklärungen der Parteien geführt.

IV. Lösungsvorschlag

Ich berichte Ihnen über einen Rechtsstreit, der im Februar 2016 **125** beim *Amtsgericht Neumünster* anhängig war. Kläger ist Herr *Herrmann Haller* aus Bad Segeberg, vertreten durch Rechtsanwältin *Althaus*. Beklagte ist die *Raumer Abschleppdienst GmbH* aus Neumünster, vertreten durch den Geschäftsführer *Ralf Raumer*. Die Parteien streiten nur noch über die Kosten des Rechtsstreits. Folgender Sachverhalt liegt zugrunde:

Der Kläger stellte sein Fahrzeug am 01.12.2015 gegen 17.00 Uhr auf dem als solches gekennzeichneten Kundenparkplatz der Tanzschule „Let's dance“ in in Neumünster ab. Betreiberin der Tanzschule und Eigentümerin des Grundstücks, auf dem der Parkplatz liegt, ist Frau

Tamara Tauber. Der Kläger gehört nicht zu den Kunden der Tanzschule. Vielmehr erledigte er nach Verlassen seines PKW eine private Angelegenheit bei einer in der Nähe gelegenen Bankfiliale. Frau Tauber beauftragte die Beklagte damit, das Fahrzeug des Klägers zu entfernen. Dies geschah auch, nachdem der PKW ca. 30 Minuten auf dem Kundeparkplatz gestanden hatte. Etwaige Ansprüche wegen unberechtigten Parkens hat Frau Tauber im Zuge eines Rahmenvertrages an die Beklagte abgetreten. Die Beklagte berechnet einen Pauschalpreis von 250,- € brutto pro Abschleppvorgang.

Die Beklagte erklärte gegenüber dem Kläger, der Standort des PKW werde bekanntgegeben, sobald der Fahrzeugführer benannt und die Kosten von 250,- € beglichen seien. Der Kläger hinterlegte am 03.12.2015 einen Betrag von 250,- € beim Amtsgericht Neumünster. Als mögliche Empfangsberechtigte wurden der Kläger als Hinterleger und die Beklagte bezeichnet. Anschließend erlangte der Kläger sein Fahrzeug zurück.

Der Kläger ist der Meinung, die Beklagte habe gegen ihn keinen Zahlungsanspruch aus abgetretenem Recht wegen des geschilderten Abschleppvorgangs. Er habe das Eigentum der Frau Tauber nicht verletzt und es sei den Kunden des Tanzstudios auch weiterhin möglich gewesen, ihre Fahrzeuge vor Ort abzustellen. Das Abschleppen ohne längere Wartezeit stelle sich als rechtsmissbräuchlich dar.

Mit der Klage verlangte der Kläger ursprünglich, die Beklagte zu verurteilen, in die Auszahlung des bei der Hinterlegungsstelle des Amtsgerichts Neumünster hinterlegten Betrages von 250,- € an den Kläger einzuwilligen. Nach Klageerhebung erklärte die Beklagte durch ihren Geschäftsführer bei der Hinterlegungsstelle des Amtsgerichts die Freigabe des genannten Betrages an den Kläger. Dieser wiederum erklärte den Rechtsstreit im Termin zur mündlichen Verhandlung in der Hauptsache für erledigt. Der Geschäftsführer der Beklagten entgegnete hierauf wörtlich, dass er ein Gerichtsurteil nicht für nötig halte. Er erkenne den Antrag auf Erledigungserklärung an, möchte aber, dass seine Firma keine Kosten zu tragen habe.

Im Übrigen macht die Beklagte geltend, sie sei ein auf das Abschleppen unberechtigt abgestellter PKW spezialisiertes Unternehmen. Der Preis von netto 210,08 € sei üblich und angemessen. In diesem Preis seien die reinen Abschleppkosten, Fixkosten für Personal und Material, Rücklagen und eine Gewinnspanne enthalten.

Das Gericht hat am Schluss der mündlichen Verhandlung verfügt, dass eine Entscheidung im Bürowege erfolgen wird.

Ich schlage vor, die Kosten des Rechtsstreits durch Beschluss dem Kläger aufzuerlegen.

Dies ergibt sich aus folgenden rechtlichen Gesichtspunkten:

Die Parteien haben den Rechtsstreit im Rahmen der mündlichen Verhandlung übereinstimmend in der Hauptsache für erledigt erklärt. Sie brauchen nicht wörtlich oder ausdrücklich die von § 91a I ZPO vorausgesetzte Erklärung abzugeben. Es genügt, wenn sich der hierauf gerichteter Wille der Parteien im Wege der Auslegung ihres prozessualen Verhaltens ermitteln lässt.[174] Danach bestehen m.E. keine Zweifel, dass der Beklagte keinen Sachantrag, sondern nur noch einen Kostenantrag gestellt und der Erledigungserklärung des Beklagten zugestimmt hat.[175]

Folglich ist über die Kosten gem. § 91a I ZPO unter Berücksichtigung des bisherigen Sach- und Streitstandes nach billigem Ermessen zu entscheiden. Danach sind die Kosten dem Kläger aufzuerlegen, weil die Klage bei streitiger Fortführung als unbegründet abzuweisen gewesen wäre und der Grundsatz des § 91 I ZPO heranzuziehen ist. Die Beklagte hat die Freigabe des hinterlegten Betrages nur um des Rechtsfriedens willen erklärt. Sie hat sich nicht durch ein Anerkenntnis freiwillig und vorbehaltlos in die Rolle der Unterlegenen gegeben.[176]

Der Kläger hatte keinen Anspruch gegen die Beklagte auf Einwilligung in die Auszahlung des hinterlegten Betrages. Ein solcher Anspruch könnte sich aus § 812 I 1 Alt. 2 BGB ergeben haben. Dem Kläger stünde als dem wirklichen Rechtsinhaber ein bereicherungsrechtlicher Anspruch auf Einwilligung in die Auszahlung zu, wenn die Beklagte auf Kosten des Klägers rechtsgrundlos die Stellung einer Hinterlegungsbeteiligten erlangt hätte.[177] Der Bereicherungsausgleich vollzieht sich in diesem Fall nur zwischen den Beteiligten des Hinterlegungsverfahrens.[178]

---

[174] BGH NJW-RR 1991, 1211; vgl. auch OLG Köln NJW-RR 1998, 143; allgemein zur Auslegung von Prozesshandlungen Thomas/Putzo/*Reichold*, Einl III Rn. 16.

[175] Anders im Fall von OLG Hamm NJW-RR 1995, 1073.

[176] Vgl. hierzu BAG NJW 2004, 533; OLG Frankfurt MDR 1996, 426.

[177] Vgl. hierzu BGH NJW 2000, 291, 294 m.w.Nachw.

[178] BGH NJW 2014, 3727 (3729) = JuS 2015, 269 *(K. Schmidt)*; anders im Fall von BGH NJW 2012, 3373 = JuS 2013, 356 *(Mäsch)*.

Indessen lag ein Rechtsgrund vor. Es bestand nämlich ein Schadensersatzanspruch der Grundstücksbesitzerin – also der Frau Tauber – aus § 823 II BGB i.V.m. § 858 I BGB, den diese wirksam an die Beklagte abgetreten hat (§ 398 BGB). Das unberechtigte Abstellen des Fahrzeugs des Klägers auf dem Kundenparkplatz der Tanzschule – welches hier unstreitig gegeben war – stellte eine verbotene Eigenmacht im Sinne von § 858 I BGB dar, der sich die Grundstücksbesitzerin nach gefestigter Rechtsprechung gem. § 859 I bzw. III BGB erwehren durfte, indem sie das Fahrzeug abschleppen ließ.[179] § 858 I BGB bildet zugunsten des unmittelbaren Besitzers ein Schutzgesetz i.S.v. § 823 II BGB.[180] Frau Tauber ist auch trotz der Bereithaltung der Parkfläche für die Kunden der Tanzschule Inhaberin der tatsächlichen Gewalt und damit unmittelbare Besitzerin der Parkfläche gewesen.[181]

Der pauschal erhobene Einwand des Rechtsmissbrauchs greift nicht durch. Das Selbsthilferecht des unmittelbaren Besitzers nach § 859 I und III BGB unterliegt zwar dem auf Treu und Glauben beruhenden Verhältnismäßigkeitsgrundsatz.[182] Dass die Grundstücksbesitzerin in anderer Weise von ihrem Selbsthilferecht hätte Gebrauch machen können oder dem Kläger unverhältnismäßig große Nachteile zufügt worden sind, hat der Kläger jedoch nicht in der erforderlichen Weise dargelegt. Ob das Fahrzeug des Klägers behindernd geparkt hat oder ob keine anderen freien Parkplätze für Gäste der Tanzschule vorhanden waren, ist für die Entscheidung, ob das Abschleppen des Fahrzeugs rechtmäßig war, ebenfalls unerheblich. Denn verbotene Eigenmacht liegt auch dann vor, wenn sie nur einen örtlich abgegrenzten Teil des Grundstücks betrifft und die übrige Grundstücksfläche unberührt lässt.[183] Für das Selbsthilferecht kommt es also nicht auf das räumliche Ausmaß der Besitzbeeinträchtigung an. Auch in zeitlicher Hinsicht musste Frau Tauber nicht länger warten, ehe sie das Abschleppen veranlasste.[184]

Es handelte sich ferner um eine bewusste und damit vorsätzliche Besitzbeeinträchtigung. Der Kläger ist deshalb verpflichtet, den aus der verbotenen Eigenmacht entstandenen Schaden zu ersetzen. Der Um-

---

[179] BGH NJW 2012, 528 = JuS 2012, 358 *(K. Schmidt)*; BGH NJW 2009, 2530 = JuS 2009, 762 *(K. Schmidt)*.

[180] BGHZ 20, 169 (171); BGH NJW 1991, 2420; a.A. *Wilhelm* LMK 2009, 291008.

[181] Vgl. hierzu Palandt/*Bassenge*, § 854 Rn. 5 a.E.

[182] BGH NJW 2009, 2530 (2531) = JuS 2009, 762 *(K. Schmidt)*.

[183] BGH NJW 2009, 2530 (2531) = JuS 2009, 762 *(K. Schmidt)*.

[184] LG Magdeburg BeckRS 2008, 08315 (15 Minuten).

fang des zu ersetzenden Schadens bemisst sich nach § 249 I BGB. Ersatzfähig sind solche Schäden, die in adäquatem Zusammenhang mit der von dem Kläger verübten verbotenen Eigenmacht stehen und von dem Schutzbereich der verletzten Norm erfasst werden. Dies umfasst neben den reinen Abschleppgebühren auch in angemessenem Umfang die Kosten für sämtlichen Aufwand, der für die Veranlassung, Vorbereitung und Überwachung der Umsetzung bis zur Abwicklung und Herausgabe an den Störer entsteht.[185] Mit solchen Maßnahmen darf der Grundstücksbesitzer auch ein hierauf spezialisiertes Fremdunternehmen beauftragen. Lediglich Kosten der reinen Parkraumüberwachung, die unabhängig von einem konkreten Parkverstoß durchgeführt wird, wären nicht erstattungsfähig.

Die Beklagte hat unter Vorlage des Rahmenvertrages erläutert, welche Kosten in dem Pauschalbetrag von netto 210,08 € enthalten sind. Der Kläger hat diese Preiskalkulation pauschal bestritten. Im Rahmen der Kostenentscheidung nach § 91a I ZPO ist über die Angemessenheit dieser Kosten angesichts der summarischen Prüfung kein Beweis zu erheben,[186] abgesehen davon, dass es an entsprechendem Beweisantritt fehlt. Dem Gericht ist es aber möglich, die Angemessenheit gem. § 287 I und II ZPO zu schätzen. Meiner Ansicht nach verstößt der genannte Betrag nicht gegen das Wirtschaftlichkeitsgebot. Erfahrungsgemäß fallen auch die Kosten einer durch die Polizei veranlassten Umsetzung nicht deutlich geringer aus.

Daher schlage ich zusammenfassend einen Beschluss mit folgendem **Tenor** vor:

Die Kosten des Rechtsstreits hat der Kläger zu tragen.

Der Beschluss ist an die Prozessbevollmächtigte des Klägers zuzustellen, weil die Entscheidung grundsätzlich mit der sofortigen Beschwerde anfechtbar ist, §§ 91a II 1, 329 II 2 ZPO. Zwar wird die gem. §§ 91a II 2, 511 II Nr. 1 ZPO erforderliche Beschwerdesumme ersichtlich nicht erreicht. Dies ist aber eine Frage der Zulässigkeit im Einzelfall, so dass auch eine entsprechende Rechtsbehelfsbelehrung zu erteilen ist (§ 232 ZPO).[187]

Ich bedankte mich für Ihre Aufmerksamkeit.

---

[185] KG BeckRS 2011, 05364; LG München I DAR 2011, 333.

[186] OLG Koblenz OLGR 2007, 517; Thomas/Putzo/*Hüßtege*, § 91a Rn. 46a.

[187] Zöller/*Greger*, § 232 Rn. 3; Thomas/Putzo/*Hüßtege*, § 232 Rn. 6.

V. Ergänzende Bemerkungen

126 In prozessualer Hinsicht ist bei § 91a I ZPO nicht zu prüfen, ob tatsächlich Erledigung der Hauptsache eingetreten ist. Diese allgemein bekannte Folge der Dispositionsmaxime darf im Eifer des Gefechts nicht übersehen werden.

Ob es sich um eine Besitzstörung oder um eine teilweise Besitzentziehung handelte, ist für die weitere rechtliche Beurteilung ohne Belang.[188] Die Grenzen sind ohnehin fließend. Das gleiche gilt für die Frage, ob das Abschleppen durch den Parkplatzbesitzer eine Besitzwehr (§ 859 I BGB) oder Besitzkehr (§ 859 III BGB) darstellt. Selbst wenn man § 859 III BGB für einschlägig hält, ist das Merkmal „sofort“ im vorliegenden Fall ohne weiteres erfüllt.[189]

Es lässt sich auch vertreten, die Grundlagen für eine Prüfung der Angemessenheit der Kosten seien unzureichend. Dann wird man zu einer Kostenaufhebung kommen müssen. Entscheidend ist – wie so oft – nur eine stringente Prüfung.

Für den (abgetretenen) Ersatzanspruch der Grundstücksbesitzerin/-eigentümerin kommen noch weitere Anspruchsgrundlagen in Betracht, die in den einschlägigen *BGH*-Entscheidungen jedoch regelmäßig keine Erwähnung finden, weil diese den Schwerpunkt auf das Selbsthilferecht legen. Das betrifft zum einen §§ 992, 823 I BGB, da die Zeugin Tauber nach dem unwidersprochenen Sachvortrag zugleich Eigentümerin der Parkfläche war und darüber hinaus der deliktische Schutz des Rechts zum Besitz zu erwägen ist.[190] Letzterer ist in Fällen einer nur kurzzeitigen Behinderung kaum geboten.[191] Ferner mag man an § 683 S. 2 BGB denken. Die Geschäftsführung entsprach hier sicher nicht dem Willen des Klägers. Ob die Erfüllung der Pflicht des Klägers im öffentlichen Interesse lag (§ 679 BGB), ist aber mehr als fraglich.[192]

Eine weitere Frage für das Vertiefungsgespräch könnte lauten, ob auch ein Ersatzanspruch der Grundstücksbesitzerin gegen den Kfz-Haftpflichtversicherer bestand. Dies dürfte zu verneinen sein. Der Anspruch unterfällt nicht dem Deckungsbereich, denn es geht nicht um typische, vom Gebrauch des Kfz selbst und unmittelbar ausgehenden Gefahren i.S.v. § 2 Abs. 1 KfzPflVV.

---

[188] Vgl. hierzu Staudinger/*Gutzeit*, 13. Aufl. 2012, § 858 Rn. 49 m.w.N.

[189] Vgl. hierzu LG Frankfurt NJW-RR 2003, 311; AG Bremen DAR 1984, 224; AG Braunschweig NJW-RR 1986, 1414.

[190] Vgl. hierzu Palandt/*Sprau*, § 823 Rn. 13.

[191] Soergel/*Stadler*, BGB, 13. Aufl., § 858 Rn. 14.

[192] AG Frankfurt a.M. NJW-RR 1990, 730 (731); vgl. aber LG München I DAR 2006, 217 (unberechtigtes Parken in einer Feuerwehranfahrtszone); weitergehend *Koch* NZV 2010, 336 (339 f.).

Übungsfall 3 – Unglückliche Bank?

I. Vorbemerkung

127 Der nachfolgende Fall ist im schwierigen und problemträchtigen Schnittfeld von Bereicherungsrecht und Zwangsvollstreckungsrecht, hier vor allem der Forderungspfändung, angesiedelt. Er verlangt daher ein gewisses Grundverständnis beider Materien. Es handelt sich um eine anwaltliche Begutachtung aus Beklagtenperspektive.

II. Aktenauszug

Rechtsanwälte 26.06.2015 128
Balinger & Wiegand
Fliegerstraße 1
99867 Gotha

1. Vermerk:

Heute erschien Herr *Siegfried Schuldhaus* aus Gotha in der Kanzlei, übergab eine ihm am 23.06.2015 zugestellte Klageschrift sowie eine Verfügung des *Amtsgerichts Gotha* und berichtete folgenden Sachverhalt:

„Ich bin verklagt worden, Herr Rechtsanwalt! Dabei schulde ich meiner Meinung nach nichts. Ich war heute bereits persönlich auf der Geschäftsstelle des Amtsgerichts und habe der Dame dort diktiert, dass ich mich gegen die Klage zur Wehr setzen werde. Sie hat es schriftlich festgehalten. Aber nun der Reihe nach.

Im März hat mir die *DS-Bank* mitgeteilt, dass ihre hiesige Filiale in Gotha bald geschlossen würde. Ich habe dann von meiner Seite aus das Konto bei der *DS-Bank* zum 30.04.2015 gekündigt und gebeten, dass der vorhandene Geldbetrag auf mein neu eingerichtetes Konto bei einer anderen Bank überwiesen werde. So geschah es Ende April auch. Immerhin handelte es sich um 3.500,- €.

Dieses Geld konnte ich auch gut gebrauchen, denn ich hatte Anfang Mai eine größere Reparatur an meinem PKW durchführen lassen. So konnte ich die Rechnung gleich problemlos begleichen. Anderenfalls hätte ich mich etwas einschränken müssen, um das Geld für die Reparatur zusammen zu bekommen. Im Übrigen habe ich den Restbetrag zum täglichen Leben ausgegeben.

Mitte Mai kam dann das böse Erwachen. Die *DS-Bank* schrieb mir, bereits im April sei meine Guthabenforderung wegen der Kontoauflösung in voller Höhe gepfändet worden. In der Tat hatte ich noch Schulden in Höhe von ca. 4.000,- € bei der Fa. *Gustav Gläubig* in Erfurt. Dieses Unternehmen hatte einen Vollstreckungsbescheid gegen mich erwirkt und – wie ich jetzt erfuhr – wohl mein ganzes Konto gepfändet. Allerdings wusste ich vor Mitte Mai hiervon nichts, das versichere ich! Weder durch die *DS-Bank* noch von anderer Seite bin ich im Voraus informiert worden.

Die *DS-Bank* verlangte von mir die Rückzahlung der 3.500,- €. Nachdem ich mich weigerte, hat sie nun Klage erhoben. Aber die Bank hat doch von der Pfändung von Anfang an gewusst! Das sind doch Profis dort. Die können doch nicht heute an mich zahlen und morgen das Geld zurückfordern, nur weil sie nicht aufgepasst haben! Außerdem habe ich geglaubt, das überwiesene Geld gehöre mir und ich könne es bedenkenlos ausgeben.

Das sehen Sie doch ebenso, Herr Rechtsanwalt, oder?“

2.
Neues Mandat eintragen. Vollmachturkunde zur Akte nehmen.

3.
Frau Rechtsreferendarin *Pfiffig* mit der Bitte um Prüfung der Erfolgsaussichten einer Erwiderung auf die Klage. Gehen Sie dabei bitte zumindest kurz auf alle in Betracht kommenden Verteidigungsmittel ein.

Balinger
Rechtsanwalt

Anlagen

Rechtsanwälte 10.06.2015
Ahorn & Kollegen
Kilianstraße 78
60386 Frankfurt a. M.

An das
Amtsgericht Gotha

Eingang: 11.06.2015

Klage

der *DS-Bank AG*, vertr. durch den Vorstand, Vorsitzender: Herr Dr. Dagobert Durstig, Tresorstraße 12, 60549 Frankfurt a. M.,

– Klägerin –

Bev.: RAe Ahorn & Kollegen, Frankfurt a. M.

gegen

Herrn *Siegfried Schuldhaus*, Talweg 5, 99867 Gotha,

– Beklagter –

wegen: ungerechtfertigter Bereicherung.

Namens und in Vollmacht der Klägerin erheben wir hiermit Klage und werden beantragen,

> den Beklagten zu verurteilen, an die Klägerin 3.500,- € nebst Zinsen hieraus in Höhe von 5 Prozentpunkten über dem Basiszins seit 04.06.2015 zu zahlen.

Sollte das Gericht ein schriftliches Vorverfahren anordnen und der Beklagte nicht rechtzeitig Verteidigungsbereitschaft anzeigen, wird beantragt, Versäumnisurteil zu erlassen und der Klägerin eine vollstreckbare Ausfertigung hiervon zu erteilen.

Begründung:

1.
Der Beklagte unterhielt bei der Klägerin bis zum 30.04.2015 ein Girokonto mit der Kontonummer 12 76 34, das er im März 2015 gekündigt hatte. Das auf diesem Girokonto ausgewiesene Guthaben ließ die Fa.

Gustav Gläubig oHG in Erfurt durch Beschluss vom 15.04.2015 pfänden und sich zur Einziehung überweisen.

Beweis: Vorlage des Pfändungs- und Überweisungsbeschlusses des *AG Gotha* vom 15.04.2015, in Kopie als Anlage K1

Dieser Beschluss wurde der Klägerin am 20.04.2015 zugestellt.

Beweis: Vorlage des Zustellungsnachweises vom 20.04.2015, in Kopie als Anlage K2

Daraufhin hat die Klägerin gegenüber der Fa. *Gustav Gläubig oHG* eine Drittschuldnererklärung abgegeben und wahrheitsgemäß offenbart, dass ein Guthaben in Höhe von 3.500,- € vorhanden sei.
Durch ein Versehen wurde dieser Guthabenbetrag am 30.04.2015 auf das Konto des Beklagten bei seiner neuen Bank überwiesen, ohne die Pfändung zu beachten.

Beweis: Vorlage des Auszuges für das Konto des Beklagten, in Kopie als Anlage K3

Als die Klägerin ihr Versehen bemerkt hatte, überwies sie den gepfändeten Betrag in Höhe von 3.500,- € erneut, diesmal an die Fa. *Gustav Gläubig oHG* in Erfurt.

Schließlich informierte die Klägerin den Beklagten mit Schreiben vom 18.05.2015 über die fehlgeleitete Zahlung und forderte ihn auf, den empfangenen Betrag bis spätestens zum 03.06.2015 zurückzuzahlen.

Beweis: Vorlage des Schreibens der Klägerin vom 18.05.2015, in Kopie als Anlage K4

Der Beklagte hat jedoch die Rückzahlung der 3.500,- € mit der Begründung verweigert, ihm sei die Pfändung nicht bekannt gewesen und er habe daher bei der Verfügung über sein Kontoguthaben „gutgläubig" gehandelt.

2.
Die Klägerin hat gegenüber dem Beklagten einen Erstattungsanspruch unter dem Gesichtspunkt der ungerechtfertigten Bereicherung. Die Voraussetzungen dieses Anspruchs sind vorliegend gegeben.

Der Beklagte hat durch die versehentliche Überweisung einen Betrag in Höhe von 3.500,- € erlangt. Für diese Leistung bestand jedoch kein Rechtsgrund, da das entsprechende Guthaben auf dem Girokonto zugunsten der Fa. *Gustav Gläubig oHG* gepfändet war. Daran ändert auch der Umstand nichts, dass der Beklagte von dieser Pfändung angeblich nichts wusste. Denn die Kenntnis des Vollstreckungsschuldners ist für die Wirksamkeit der Pfändung unerheblich.

Entgegen seiner Auffassung kann der Beklagte auch den Einwand der Entreicherung gemäß § 818 III BGB nicht erfolgreich geltend machen. Denn weder ist seine Bereicherung ersatzlos weggefallen, noch war er hierbei gutgläubig.

Es wird bereits jetzt mit Nichtwissen bestritten, dass der Pfändungs- und Überweisungsbeschluss des *AG Gotha* dem Beklagten nicht bekannt war. Zudem lag dieser Pfändung eine Forderung der Fa. *Gustav Gläubig oHG* zugrunde, von der der Beklagte Kenntnis hatte. Daher musste er mit entsprechenden Zwangsvollstreckungsmaßnahmen rechnen.

Der beanspruchte Zinsbetrag ergibt sich unter dem Gesichtspunkt des Verzuges, nachdem der Beklagte trotz Fristsetzung keine Rückzahlung vorgenommen hat.

Esche
Rechtsanwältin

Amtsgericht Gotha 18.06.2015
– 12 C 589/15 –

An Herrn
Siegfried Schuldhaus
Talweg 5
99867 Gotha

Rechtsstreit: *DS-Bank AG ./. Siegfried Schuldhaus*

Aufforderungen, Anordnungen und Hinweise

Es wird ein schriftliches Vorverfahren durchgeführt. An die beklagte Partei ergehen gem. § 276 ZPO die folgenden Aufforderungen:

1.
Sie hat die Absicht der Verteidigung binnen einer

Notfrist von zwei Wochen

ab Zustellung der Klageschrift schriftlich anzuzeigen.

Hinweise: [betr. Folgen von Fristversäumnis und Anerkenntnis] ...

2.
Sie hat auf das Klagevorbringen innerhalb von

zwei Wochen

nach Ablauf der unter 1) genannten Notfrist schriftlich zu erwidern, wenn sie sich gegen die Klage verteidigen will.

Belehrung gem. §§ 277 II, 296 I und III ZPO [betr. verspätete Verteidigungsmittel] ...

Die beklagte Partei kann ihre Erklärungen auch zu Protokoll der Geschäftsstelle des Gerichts abgeben.

	Beglaubigt:
gez. Burg	*Emsig*
Richter am AG	UdG

III. Bearbeitervermerk

129 1. Die der Rechtsreferendarin *Pfiffig* erteilte Aufgabe ist in Form eines Kurzvortrages zu erledigen. Dabei sind auch Zweckmäßigkeitserwägungen anzustellen.
2. Es ist davon auszugehen, dass die tatsächlichen Angaben des Mandanten notfalls unter Beweis gestellt werden können.
3. Die hier nicht abgedruckten Anlagen zur Klageschrift waren jeweils beigefügt und hatten den angegebenen Inhalt. Alle erforderlichen Formalien wurden eingehalten.

IV. Lösungsvorschlag

Ich berichte über die anwaltliche Vertretung des Herrn *Siegfried Schuldhaus* aus Gotha im Juni 2015. Er ist Beklagter in einem Rechtsstreit vor dem *Amtsgericht Gotha* und bittet Rechtsanwalt *Balinger* um Prüfung, ob die Rechtsverteidigung Erfolg verspricht. Klägerin ist die *DS-Bank AG* aus Frankfurt a. M. Sie begehrt Rückgewähr eines ausgezahlten Kontoguthabenbetrages. Dem liegt folgender Sachverhalt zugrunde: **130**

Der Mandant unterhielt bei der Klägerin ein Girokonto. Dieses kündigte er zum 30.04.2015. Den sich ergebenden Guthabenbetrag in Höhe von 3.500,- € überwies der Beklagte an jenem Tag auf das bei einer anderen Bank neu eingerichtete Konto des Mandanten.

Dabei beachtete die Klägerin nicht, dass die Guthabenforderung in voller Höhe bereits Mitte April 2015 durch Beschluss des *Amtsgerichts Gotha* zugunsten der Fa. *Gustav Gläubig oHG* gepfändet und dieser zur Einziehung überwiesen worden war. Nach Zustellung des Pfändungs- und Überweisungsbeschlusses an die Klägerin hatte diese auch eine Drittschuldnererklärung abgegeben. Als die Klägerin die irrtümliche Überweisung bemerkt hatte, zahlte sie den Guthabenbetrag ein weiteres Mal an die *Gustav Gläubig oHG* aus und forderte den Mandanten auf, den erhaltenen Betrag zurückzuerstatten. Herr *Schuldhaus* weigerte sich jedoch.

Die Klageschrift wurde ihm am 23.06.2015 zugestellt, verbunden mit der Anordnung des schriftlichen Vorverfahrens. Am 26.06.2015 hat der Mandant zu Protokoll der Geschäftsstelle des Gerichts erklärt, dass er sich gegen die Klage verteidigen werde. Die Erwiderung hat nach der Aufforderung des Gerichts innerhalb von vier Wochen nach Zustellung der Klage zu erfolgen.[193]

Die Klägerin hat angekündigt, sie werde beantragen,[194]

> den Beklagten zu verurteilen, an die Klägerin 3.500,- € nebst Verzugszinsen zu zahlen.

Nach Auskunft des Mandanten[195] ist diesem der Pfändungs- und Überweisungsbeschluss nicht bekannt gegeben worden. Er habe hier-

---

[193] Für den Sachbericht genügt es, wenn die prozessleitenden Verfügungen des Gerichts in der gebotenen Kürze zusammengefasst werden.

[194] Da Sachanträge erst in mündlicher Verhandlung gestellt werden (§ 137 I ZPO) und eine solche hier noch nicht stattgefunden hat, ist auf eine entsprechende Formulierung zu achten.

von erst durch die Rückzahlungsaufforderung der Klägerin erfahren. Obwohl ihm die Forderung der Fa. *Gustav Gläubig oHG* erinnerlich gewesen sei, habe er das überwiesene Geld bedenkenlos ausgegeben. Der Mandant gibt an, den Betrag überwiegend für eine Anfang Mai 2013 durchgeführte PKW-Reparatur aufgewendet zu haben, die er anderenfalls nur mit einer Einschränkung seiner Lebensführung hätte finanzieren können.

Die Klägerin hat sich über die fehlende Kenntnis der Mandanten von der Pfändung bereits vorab mit Nichtwissen erklärt.[196] Überdies habe dieser wegen der Forderung der Fa. *Gustav Gläubig oHG* mit Zwangsvollstreckungsmaßnahmen rechnen müssen.[197]

Ich schlage vor, auf die Klage zu erwidern und deren Abweisung zu beantragen.

Die Klage ist bereits unschlüssig. Eine Rechtsverteidigung bietet daher Aussicht auf Erfolg.

In Betracht kommt vor allem ein Anspruch der Klägerin in Form der Leistungskondiktion gem. § 812 I 1 Alt. 1 BGB. Indem sie den Guthabenbetrag an den Mandanten überwies, hat sie zwar dessen Vermögen bewusst und zweckgerichtet vermehrt und daher eine Leistung erbracht.[198] Der Mandant als Empfänger durfte die Hingabe auf ein Kausalverhältnis zur Klägerin beziehen,[199] nämlich auf den Girovertrag. Auch hat der Mandant einen Auszahlungsanspruch in gleicher Höhe gegen seine jetzige Bank erlangt.

Jedoch existierte hierfür bereits nach dem Vortrag der Klägerin ein Rechtsgrund. Er ergab sich aus der Beendigung des Giroverhältnisses zwischen den Parteien und folgte aus §§ 700 I 1, 488 I 2 BGB.[200] Die Pfändung und Überweisung nach §§ 829, 835 ZPO hat nichts daran geändert, dass diese Forderung weiterhin dem Vermögen des Mandanten

---

195 Aus der Wortwahl sollte sich ergeben, worauf sich diese Erkenntnisse stützten. Schon die Klageschrift lässt erkennen, dass diese Tatsachen im Prozess nicht unstreitig sein werden.

196 Die Praxis gebraucht häufig den Mischbegriff „Bestreiten mit Nichtwissen". Aber das entspricht nicht dem System des § 138 ZPO; vgl. hierzu *Balzer*, Rn. 34.

197 Die Klageschrift enthält bereits eine Art antizipierte Replik, die aus Gründen der Übersichtlichkeit an dieser Stelle erwähnt werden sollte.

198 Vgl. zum Leistungsbegriff der h.M. BGHZ 40, 272 (277); Palandt/*Sprau*, § 812 Rn. 3.

199 Vgl. Bamberger/Roth/*Wendehorst*, BGB, 3. Aufl. 2012, § 812 Rn. 16.

200 Vgl. zum Bankguthaben als Fall unregelmäßiger Verwahrung Palandt/*Sprau*, § 675f Rn. 27. Hier liegt kein Fall von § 357 HGB vor, denn es ist kein Posten aus dem Kontokorrent betroffen.

als dem Vollstreckungsschuldner zustand.[201] Anders als bei der Forderungszession war er also nicht nur Putativschuldner. Der Mandant durfte lediglich nicht mehr über die Forderung verfügen, sie insbesondere nicht einziehen, § 829 I 2 ZPO.[202] Eine solche gegen das Verfügungsverbot nach §§ 135, 136 BGB verstoßende Einziehung ist jedoch nur relativ unwirksam. Allein gegenüber dem geschützten Vollstreckungsgläubiger – hier der Fa. *Gustav Gläubig oHG* – kommt die Forderung nicht zum Erlöschen. Im Verhältnis zum Mandanten ist durch die Überweisung der Klägerin dagegen Erfüllung eingetreten, § 362 I BGB.[203] Zwischen diesen Personen erlangt das Rechtsgeschäft uneingeschränkte Wirksamkeit.[204]

Mit dem vorherrschenden sog. subjektiven Rechtsgrundverständnis[205] ist der von der Klägerin mit der Leistung offensichtlich bezweckte Erfolg – die Guthabenforderung des Mandanten zum Erlöschen zu bringen – demnach eingetreten und damit ein Rechtsgrund gegeben.[206]

Auch § 813 I BGB kommt nicht zum Tragen. Denn aus dem Recht und der Pflicht der Klägerin, nicht mehr an den Mandanten zu zahlen – § 829 I 1 ZPO[207] – folgt keine dauerhafte Einrede.

Die anwaltliche Vorsorgepflicht gebietet, auch gegen eine unschlüssige Klage nahe liegende Einwendungen in Betracht zu ziehen.[208] Zunächst ist an § 814 Alt. 1 BGB zu denken. Denn die Klägerin hatte infolge der Zustellung positive Kenntnis vom Pfändungs- und Überweisungsbeschluss. Bei einer juristischen Person kann diese einmal vorhandene Kenntnis auch nicht wieder verloren gehen. Unterstellt man einen fehlenden Rechtsgrund, so hätte die Klägerin demnach im Bewusstsein der Nichtschuld geleistet.

Weiterhin spricht vieles für eine Entreicherung des Mandanten, § 818 III BGB. Er hat das Erlangte ersatzlos verbraucht, insbesondere für die Begleichung der Reparaturrechnung. Dies wird durch entsprechende Nachweise zu belegen sein.[209] Da diese Investition anderenfalls auch durch die Einschränkung in der Lebensführung zu bewältigen

---

201 Vgl. Zöller/*Stöber*, ZPO, 31. Aufl. 2016, § 835 Rn. 7 m.w.N.

202 Sog. Inhibitorium.

203 Vgl. BGHZ 86, 337; Thomas/Putzo/*Hüßtege*, § 829 Rn. 36 a.E.

204 Vgl. Bamberger/Roth/*Wendtland*, BGB, 3. Aufl. 2012, § 135 Rn. 8.

205 Vgl. hierzu die Nachw. bei MüKoBGB/*Schwab,* 6. Aufl. 2013, § 812 Rn. 336.

206 Anders ist es bei der Mehrfachpfändung. Dann soll gegenüber dem nachrangigen Vollstreckungsgläubiger mangels Einziehungsbefugnis auch kein Rechtsgrund vorliegen; vgl. hierzu BGHZ 82, 28.

207 Sog. Arrestatorium.

208 Palandt/*Grüneberg*, § 280 Rn. 71.

209 Ziffer 2 des Bearbeitervermerks.

gewesen wäre, ist ein Fall des § 818 III BGB gegeben.[210] Positive Kenntnis i. S. der §§ 819 I, 818 IV BGB war nach dem Bekunden des Mandanten nicht gegeben. Das Gegenteil zu beweisen, obliegt der Klägerin.[211] Deren Erklärung mit Nichtwissen genügt keinesfalls.

Gleiches würde für einen Schadensersatzanspruch der Klägerin wegen pflichtwidriger Einziehung der Forderung gelten. Ein hierfür notwendiges Verschulden des Mandanten ist nicht ersichtlich.

Der Mandant hat bereits selbst zu Protokoll der Geschäftsstelle eine Verteidigungsanzeige gem. § 276 I 1 ZPO abgeben. Die Klageerwiderung muss innerhalb der weiteren Frist von zwei Wochen erfolgen.

Abschließend schlage ich daher vor, mittels des beim *Amtsgericht Gotha* einzureichenden Erwiderungsschriftsatzes einen Klageabweisungsantrag anzukündigen sowie zur Begründung die zuvor genannten rechtlichen Gesichtspunkte und die hilfsweisen Einwendungen vorzutragen.

Vielen Dank für Ihre Aufmerksamkeit.

V. Ergänzende Bemerkungen

131 Im Rahmen der rechtlichen Würdigung sollten Beweisfragen und Zweckmäßigkeitserwägungen nicht vergessen werden. Der Vortragende kann hier zeigen, dass ihm das Prinzip des „sichersten Weges" bekannt ist.

Der Fall darf als anspruchsvoll gelten und wird eher 90 Minuten Vorbereitungszeit erfordern. Er zeigt, wer im Rahmen der Forderungspfändung das Risiko der Leistung an den richtigen Empfänger trägt – der Drittschuldner. Dieser hat gegen den Schuldner keinen Bereicherungsanspruch auf Rückzahlung.[212]

---

[210] BGHZ 118, 383; Palandt/*Sprau*, § 818 Rn. 38.

[211] Vgl. hierzu Palandt/*Sprau*, § 819 Rn. 10 m.w.N.

[212] *Breiler*, ZwangsvollstreckungsR im Assessorexamen und in der Praxis, 2004, S. 135 f.

Übungsfall 4 – Kühe auf Kollisionskurs

I. Vorbemerkung

Ein weiterer Fall mit anwaltlicher Aufgabenstellung betrifft die außergerichtliche Beratung des Anspruchstellers. Er ist einer Entscheidung des *OLG Karlsruhe*[213] nachgebildet und dreht sich um Fragen der Tierhalterhaftung. 132

II. Aktenauszug

Rechtsanwältin 10.06.2015 133
Manuela Rasch
Weidenstraße 13
79115 Freiburg i.Br.

1. Vermerk:

Heute erschien Herr

Bernd Blechschmidt, Eisenlohrstraße 7, 79115 Freiburg i.Br.,

in der Kanzlei und schilderte folgenden Sachverhalt:

„Mein Fahrzeug ist beschädigt worden, als ich auf einer Landstraße in eine dort frei herumlaufende Kuhherde geraten bin. Am 06.04.2015 befuhr ich gegen 22.30 Uhr mit meinem PKW, einem silberfarbenen Mercedes C 180, die Landstraße von Ebringen in Richtung Pfaffenweiler. Dabei hatte ich das Abblendlicht eingeschaltet und war mit ca. 70 km/h unterwegs. Die Fahrbahn war feucht, aber es regnete nicht mehr. Plötzlich erkannte ich auf gerader Strecke vor mir direkt auf der Straße eine Kuhherde. Es mögen 8 bis 10 Tiere gewesen sein. Sie waren durch ein entgegenkommendes Fahrzeug aufgeschreckt worden und liefen in meine Richtung. Ich bremste zwar sofort, konnte meinen Wagen aber nicht mehr zum Stehen bringen. Mein Fahrzeug streifte zwei Kühe seitlich und erfasste ein drittes Tier mit dem vorderen rechten Kotflügel.

Wie ich später erfuhr, gehört die Kuhherde Herrn *Martin Melkus* aus Pfaffenweiler. Von dessen Weide waren die Tiere durch einen niedergetretenen Zaun entlaufen.

---

[213] OLG Karlsruhe NJW-RR 2009, 1681.

Mein Fahrzeug wurde an der linken Vorderfront schwer und an der Tür leicht beschädigt. Es ist in eine Mercedes-Werkstatt abgeschleppt worden. Dort wurde der Schaden dokumentiert und auch repariert. Das Ganze hat 3 Tage gedauert und mich 5.300,- € gekostet. Hier habe ich Ihnen die Fotos und die Werkstattrechnung mitgebracht. Ich selbst wurde nicht verletzt.

Herr *Melkus* hat eine Haftpflichtversicherung für die Tiere. Die *BOVINA Versicherung* hat mir auch die Hälfte des Schadens erstattet. Mehr war sie trotz meines nochmaligen Anrufs nicht zu zahlen bereit. Die Kuh, die ich mit der Vorderseite meines Wagens erwischt hatte, war so stark verletzt, dass sie notgeschlachtet werden musste. Meine eigene Kfz-Versicherung hat mir mitgeteilt, dass sie ¼ des Wertes an Herrn *Melkus* erstattet hat. Das ist ja ganz anständig, ich bin aber der Meinung, dass ich meinen gesamten Schaden ersetzt bekommen muss. Schließlich konnte ich den Unfall ja nicht verhindern. Ich habe mich völlig ordnungsgemäß verhalten und kann nichts dafür, wenn plötzlich Kühe auf der Straße auftauchen. Wer weiß, ob die Weide überhaupt vernünftig eingezäunt war?

Ich muss nun offenbar das Gericht bemühen. Bitte prüfen Sie, wie meine Chancen stehen."

Auf Nachfrage erklärt Herr *Blechschmidt*, dass der Unfall polizeilich aufgenommen worden sei. Er teilt die Tagebuch-Nummer mit. Die Fahrerin des entgegenkommenden Fahrzeugs sei auch vernommen worden. Im Übrigen erklärt er, Eigentümer des PKW Mercedes zu sein. Bei Bedarf könne er den Kaufvertrag vorlegen.

Auf weitere Nachfrage bestätigt der Mandant, dass er einige Tage nach Erhalt des Schreibens der *BOVINA Versicherung* vom 21.05.2015 bei dieser angerufen und Zahlung des Restbetrages verlangt habe. Dort sei ihm durch die Sachbearbeiterin *Decker* erklärt worden, man betrachte den Fall als abgeschlossen.

Der Mandant ist weder kasko- noch rechtsschutzversichert und nicht zum Vorsteuerabzug berechtigt.

2.

Neues Mandat eintragen. Vollmacht und Unterlagen zur Akte nehmen.

Rasch
Rechtsanwältin

Anlage

BOVINA Versicherung VVaG
Riedgrasweg 1 – 70599 Stuttgart

An Herrn 21.05.2015
Bernd Blechschmidt
Eisenlohrstraße 7
79115 Freiburg

Betr.: Unfallereignis vom 06.04.2015

Sehr geehrter Herr Blechschmidt,

vielen Dank für die Übersendung der Belege. Nach Prüfung des Sachverhalts erkennen wir für unseren Versicherungsnehmer, Herrn *Martin Melkus*, eine 50%ige Haftung an und erstatten Ihnen die Reparaturkosten in Höhe von 2.650,- € sowie die Abschleppkosten in Höhe von 60,- € mit beiliegendem Verrechnungsscheck.

Eine weiter gehende Entschädigung müssen wir – auch im Namen unseres Versicherungsnehmers – leider ablehnen.

Mit freundlichen Grüßen

B. Decker
Schadensabteilung

Der Mandant hat außerdem 6 Lichtbilder übergeben, die im Mercedes-Autohaus *Dietreuth* in Freiburg aufgenommen worden sind und den Schadensumfang am Fahrzeug zeigen. Laut Rechnung hat der Mandant für die Reparatur 5.300,- € inkl. MwSt. gezahlt. Für den Abschleppdienst der *Fa. Schaffer* waren 120,- € inkl. MwSt. fällig.

Rechtsanwältin 19.06.2015
Manuela Rasch
Weidenstraße 13
79115 Freiburg i.Br.

Vermerk:

Ich habe heute in die polizeiliche Vorgangsakte Einsicht genommen und daraus Kopien gefertigt. Der Unfallhergang ist wie vom Mandanten geschildert fotografisch und mit Skizzen dokumentiert.

Die beschriebene Fahrerin des entgegenkommenden PKW, Frau *Gesine Specht*, hat bekundet, dass sich mehrere Kühe auf der Straße befunden hätten. Infolge ihres Scheinwerferlichts seien die Tiere aufgeschreckt worden und hätten die Flucht ergreifen wollen. Das sich nähernde Fahrzeug des Mandanten habe sie wahrgenommen, könne aber keine genauen Angaben zu den Kollisionen machen.

Die Anschrift des Eigentümers der Kuhherde lautet wie folgt:

Martin Melkus, Hasenweg 5, 79292 Pfaffenweiler.

Er hat ausgesagt, ca. 100m von der Unfallstelle entfernt befinde sich die mit Elektrodraht umzäunte Weide, auf der sich seine Kuhherde durchgehend aufgehalten hätte. Herr *Melkus* vermutet, die Tiere seien wegen eines Gewitters am Abend des 06.04.2015 in Panik geraten, hätten den Zaun niedergetreten und seien von der Weide ausgebrochen. Er könne es jedoch nicht sicher bestätigen. Mängel am Weidezaun seien ihm nicht bekannt. In dieser Hinsicht enthält auch die polizeiliche Akte keine Feststellungen

Rasch
Rechtsanwältin

III. Bearbeitervermerk

134 1. Die Angelegenheit ist aus anwaltlicher Sicht im Kurzvortrag zu begutachten. Dabei sind auch Erwägungen zur Zweckmäßigkeit des vorgeschlagenen Weges anzustellen.
2. Der Nutzungswert des PKW des Mandanten beträgt laut aktueller Tabelle der *EurotaxSchwacke GmbH* 59,- € pro Tag.
3. Werden Anträge bei Gericht vorgeschlagen, so sind diese am Ende des Vortrags zu formulieren.
4. Die Unfallstelle und der Wohnort des Herrn *Melkus* liegen im Bezirk des *Amtsgerichts Freiburg i.Br.*

IV. Lösungsvorschlag

Ich berichte über ein Mandat der Rechtsanwältin *Rasch* aus Freiburg i.Br. im Juni 2015. Sie vertritt Herrn *Bernd Blechschmidt* aus Freiburg i.Br. in einer Unfallsache mit einer Tierherde. Der Mandant begehrt Restschadensersatz wegen der Beschädigung seines PKW und bittet um Prüfung der Erfolgsaussicht gerichtlicher Inanspruchnahme. Im Einzelnen liegt folgender Sachverhalt zugrunde: **135**

Am 06.04.2015 gegen 22.30 Uhr befuhr der Mandant mit seinem PKW die Landstraße von Ebringen in Richtung Pfaffenweiler. Dabei hatte er nach eigener Aussage das Abblendlicht eingeschaltet und war auf gerader Strecke mit ca. 70 km/h unterwegs. Die Fahrbahn war feucht, es regnete allerdings nicht mehr. Als der Mandant plötzlich auf der Straße eine Kuhherde erkannte, bremste er, konnte jedoch einen Zusammenstoß mit mehreren Tieren nicht vermeiden. Ergiebige Zeugenaussagen zum Unfallhergang liegen nicht vor. Halter der Kühe ist Herr *Martin Melkus* aus Pfaffenweiler.[214] Gegenüber der Polizei hat er die Vermutung geäußert, die Tiere seien in Panik geraten und von einer ca. 100m von der Unfallstelle entfernten Weide ausgebrochen. Mängel am Weidezaun seien ihm nicht bekannt.

Durch den Aufprall entstanden am PKW des Mandanten Schäden, deren Reparatur 5.300,- € kostete und 3 Tage in Anspruch nahm. Außerdem fielen Abschleppkosten i.H.v. 120,- € an. Der Haftpflichtversicherer des Herrn Melkus, die *BOVINA Versicherung* aus Stuttgart, erkannte mit Schreiben vom 21.05.2015 eine 50%ige Haftung an und erstattete dem Mandanten insgesamt 2.710,- €. Eine weitergehende Zahlung wurde abgelehnt. Der Mandant gibt an, in einem kurze Zeit später mit der Sachbearbeiterin der Versicherung geführten Telefonat habe diese erklärt, man betrachte den Fall als abgeschlossen.

Ich schlage vor, gegen Herrn *Melkus* vor dem *Amtsgericht Freiburg i.Br.* Klage auf Zahlung von 1.501,25 € zu erheben. Dies ergibt sich aus folgender rechtlicher Bewertung:

Der Mandant hat gegen Herrn *Melkus* einen Schadensersatzanspruch aus § 833 S.1 BGB. Denn der Verkehrsunfall ist unbestritten durch die auf der Straße befindlichen Kühe verursacht worden, deren Halter Herr *Melkus* war. Ganz offensichtlich sind die Tiere von einer umzäunten Weide ausgebrochen, so dass sich eine typische Tiergefahr verwirklicht hat. Durch den Zusammenstoß mit mehreren Kühen ist eine Sache – nämlich der PKW – beschädigt worden, die im Eigentum des Mandanten steht. Das

---

214 „Halter" kann als Rechtstatsache im Sachbericht genannt werden; vgl. Rn. 58.

Eigentum könnte im Bestreitensfalle durch Vorlage von Kaufvertrag und Fahrzeugbriefhinreichend sicher nachgewiesen werden.

Da es sich um Nutztiere handelte, könnte die gegnerische Partei versuchen, den Entlastungsbeweis nach § 833 S. 2 BGB zu führen. Indessen ist ungeklärt, auf welche Weise und aus welchen Gründen die Kühe aus der mit Elektrodraht gesicherten Weide ausgebrochen sind. Hierüber konnte der Halter nur mutmaßen. Auch der Zustand des Zaunes ist nicht genau aufzuklären, so dass sich ein Sorgfaltsverstoß des Herrn Melkus jedenfalls nicht ausschließen lässt. Diese Unklarheiten gehen zu seinen Lasten.[215]

Die beiderseitigen Verursachungsbeiträge sind jedoch gem. § 254 I BGB gegeneinander abzuwägen. Dabei sind aber nur solche Beiträge zu berücksichtigen, die nachgewiesen werden können und die sich auf den Schaden des Mandanten ausgewirkt haben.[216] Auf Seiten des Herrn *Melkus* ist die Gefahr zu berücksichtigen, die von Kühen ausgeht, die ganztägig ohne Aufsicht auf einer durch Elektrozaun gesicherten Weide gehalten werden. Dass bspw. ein besserer Zaun der Kuhherde standgehalten hätte, ist nicht erweislich.[217] Seitens des Mandanten ist lediglich die Betriebsgefahr zu berücksichtigen, die bei Dunkelheit und einer Geschwindigkeit von 70 km/h von einem PKW ausgeht.[218] Ein Verkehrsverstoß des Mandanten lag nicht vor. Dabei dürfte die Tiergefahr deutlich höher zu bewerten sein. Da aber auch eine schuldhafte Pflichtverletzung des Herrn *Melkus* nicht nachzuweisen sein wird, kann die Betriebsgefahr des Fahrzeugs nicht völlig zurücktreten. Sie ist meiner Meinung nach jedoch mit höchstens 25% anzusetzen.[219]

Im Rahmen des § 249 II BGB kann der Mandant die Reparaturkosten, die Abschleppkosten und eine Nutzungsausfallentschädigung für 3 Tage á 59,- € verlangen.[220] Die Kosten lassen sich durch Rechnungen urkundlich belegen. Der sich ergebende Gesamtbetrag ist um 25% zu kürzen, so dass 4.211,25 € verbleiben. Abzüglich der Zahlung des Haftpflichtversicherers sind noch 1.501,25 € offen.

Mit der Zahlung dieses Betrages befindet sich Herr *Melkus* in Verzug, nachdem sein Versicherer weitere Zahlungen endgültig abgelehnt hat (§ 286 II Nr. 3 BGB). Dieses Verhalten, das der Mandant als das „letzte Wort“ des Versicherers auffassen durfte, muss sich Herr *Melkus*

---

[215] OLG Celle NJW 1975, 1891; OLG Koblenz NJW-RR 1992, 476.

[216] BGH NJW 1995, 1029 f.

[217] Vgl. hierzu OLG Köln MDR 1993, 518.

[218] Vgl. allgemein zur Betriebsgefahr Palandt/*Grüneberg*, § 254 Rn. 10 und 60.

[219] Ebenso in vergleichbaren Fällen BGH VersR 1966, 758; OLG Hamm NZV 1989, 234.

[220] Vgl. allgemein zum Nutzungsausfall Palandt/*Grüneberg*, § 249 Rn. 40 ff.

zurechnen lassen.[221] Es kann ggf. durch Benennung der Sachbearbeiterin als Zeugin nachgewiesen werden. Verzug lag jedenfalls bei Mandatserteilung vor, so dass der Mandant von diesem Zeitpunkt an Zinsen fordern kann (§ 288 I BGB).

Eine nochmalige außergerichtliche Geltendmachung der Ansprüche erscheint im Hinblick auf das Kostenrisiko des § 93 ZPO nicht geboten. Die Klage kann nicht zugleich gegen den Versicherer gerichtet werden, da kein Fall eines Direktanspruchs nach § 115 I VVG vorliegt.[222] Örtlich und sachlich zuständig ist das *Amtsgericht Freiburg i.Br.* (§§ 12, 32 ZPO, § 23 Nr. 1 GVG).

Zusammenfassend schlage ich daher vor, für den Mandanten gegen Herrn *Martin Melkus* vor dem *Amtsgericht Freiburg i.Br.* Klage zu erheben mit dem **Antrag**,

> den Beklagten zu verurteilen, an den Kläger 1.501,25 € nebst Zinsen hieraus in Höhe von 5 Prozentpunkten über Basiszinssatz seit dem 11.06.2015 zu zahlen.

Außerdem sollte beantragt werden, ein Versäumnisurteil zu erlassen, falls das Gericht ein schriftliches Vorverfahren anordnet und der Beklagte nicht rechtzeitig Verteidigungsabsicht anzeigt (§ 331 III 2 ZPO).

Schließlich ist dem Mandanten mitzuteilen, dass die Klageerhebung gem. § 12 I 1 GKG einen Gerichtskostenvorschuss i.H.v. 213,- € erfordert.

Ich danke für die Aufmerksamkeit.

V. Ergänzende Bemerkungen

Der Fall ist in tatsächlicher Hinsicht nicht kompliziert; die Rechtsfragen erscheinen nicht übermäßig schwer. Die Tierhalterhaftung hat Examensrelevanz, insbesondere in Klausuren. **136**

Im Sachbericht muss deutlich werden, worauf die Informationen beruhen – auf Angaben des Mandanten oder der polizeilichen Ermittlungsakte. Nach bisherigem Stand dürfte im Prozess vieles unstreitig

---

[221] Vgl. Ziffer 5.2 der Allgemeinen Versicherungsbedingungen für die Haftpflichtversicherung (AHB).

[222] Vgl. hierzu *Kerst/Jäckel* Versicherungsrecht, 2010, Rn. 140 ff. Dieser Punkt kann auch als eine Art „Passivlegitimation" an den Beginn der rechtlichen Würdigung gestellt werden.

bleiben, so dass Beweisfragen nur an wenigen Stellen angesprochen werden müssen.

Dass ein Pflichtverstoß des Tierhalters unaufklärbar scheint, wirkt sich an zwei Stellen unterschiedlich aus: Es steht einer Entlastung nach § 833 S. 2 BGB entgegen, verhindert aber im Rahmen von § 254 I BGB eine 100%ige Haftungsquote. Auch eine Haftungsverteilung von 1/3 zu 2/3 zu Lasten des Herrn *Melkus* ist vertretbar.[223] Der Begriff und die Einordnung der Betriebsgefahr müssen bei Verkehrsunfallsachen bekannt sein. In der mündlichen Examensprüfung stehen die einschlägigen Zusammenstellungen zu Haftungsquoten bei Verkehrsunfällen nicht zur Verfügung.[224] Entscheidend ist daher allein ein schlüssiger und konsequenter Lösungsvorschlag.

Wer keinen Verzugseintritt annimmt, muss zumindest Prozesszinsen nach § 291 BGB beantragen. Dass keine Veranlassung zur Klage gegeben worden ist, erscheint kaum vertretbar. Wird dennoch vorgeschlagen, die Gegenpartei außergerichtlich zur Zahlung aufzufordern, kommen die Anwaltskosten als weitere Schadensposition hinzu.

---

[223] So in vergleichbaren Fällen OLG Frankfurt VersR 1974, 37; OLG Hamm VersR 1997, 1542.

[224] Vgl. insbes. *Grüneberg*, Haftungsquoten bei Verkehrsunfällen, 14. Aufl. 2015.

Übungsfall 5 – Sturz im Linienbus

I. Vorbemerkung

Der abschließende Übungsfall hat wieder eine gerichtliche Entscheidung zum Gegenstand, also eine ganz klassische Konstellation. Ihm liegt eine Entscheidung des *Kammergerichts*[225] zugrunde, die für Zwecke des Aktenvortrags vereinfacht worden ist. **136**

II. Aktenauszug

Rechtsanwälte 26.06.2015 **137**
Körner & Partner
Daimlerstraße 5
14482 Potsdam

An das
Landgericht Potsdam

Eingang: 29.06.2015

In Sachen

Saskia Schäder, Am Hollerbusch 4, 14542 Werder (Havel)
– Klägerin –

Pbv.: RAe Körner & Partner

gegen

1. *Havelländer Verkehrsbetriebe GmbH*, vertr. durch den Geschäftsführer Richard von Ribbeck, Fahrländer Chaussee 7, 14476 Potsdam

2. *Lutz Lenker*, Bussardweg 9, 16833 Fehrbellin
– Beklagte zu 1) und 2) –

beantragen wir namens der Klägerin, dieser für die erste Instanz

Prozesskostenhilfe

---

[225] KG NZV 2012, 182.

zu bewilligen und ihr den Unterzeichner als Prozessbevollmächtigten beizuordnen.

Die beabsichtigte Klage hat hinreichende Aussicht auf Erfolg. Die Klägerin ist nicht in der Lage, die Kosten der Prozessführung aus eigenen Mitteln aufzubringen. Hierzu wird auf die anliegende Erklärung über die persönlichen und wirtschaftlichen Verhältnisse Bezug genommen.

Nach Bewilligung von Prozesskostenhilfe werden wir

Klage

mit folgenden Anträgen erheben:

1. Die Beklagten werden als Gesamtschuldner verurteilt, an die Klägerin ein angemessenes Schmerzensgeld, dessen Höhe in das Ermessen des Gerichts gestellt wird, zu zahlen nebst Zinsen hieraus in Höhe von 5 Prozentpunkten über dem Basiszinssatz seit 04.06. 2015.

2. Die Beklagten werden als Gesamtschuldner verurteilt, an die Klägerin 280,00 € nebst Zinsen hieraus in Höhe von 5 Prozentpunkten über dem Basiszinssatz seit 04.06.2015 zu zahlen.

3. Die Beklagten werden als Gesamtschuldner verurteilt, an die Klägerin vorgerichtliche Rechtsanwaltskosten in Höhe von 413,64 € nebst Zinsen hieraus in Höhe von 5 Prozentpunkten über dem Basiszinssatz seit Rechtshängigkeit zu zahlen.

4. Es wird festgestellt, dass die Beklagten als Gesamtschuldner verpflichtet sind, der Klägerin weiteren materiellen Schaden zu ersetzen, den diese aufgrund des Unfalls vom 21.02.2015 im Linienbus 350 der Beklagten zu 1) erleidet, soweit die Forderung nicht auf Sozialversicherungsträger oder Dritte übergegangen ist.

B e g r ü n d u n g:

1.
Mit der Klage wird Schadensersatz und Schmerzensgeld aus einem Unfallereignis geltend gemacht.

Die Beklagte zu 1) betreibt im Rahmen der öffentlichen Personenbeförderung ein Netz von Linienbussen im Umland von Potsdam. Der Beklagte zu 2) ist dort als Busfahrer beschäftigt. Die Klägerin nutzte am 21.02.2015 einen Bus der Beklagten zu 1) der Linie 350 in Richtung Nauen. Sie war gegen 10.15 Uhr an der Haltestelle Schlegelstraße in Potsdam zugestiegen. Fahrer des Busses war zu diesem Zeitpunkt der Beklagte zu 2).
Wegen eines vor ihm fahrenden, nicht näher bekannten Wohnmobils bremste der Beklagte zu 2) den Bus in der Rückertstraße in Potsdam plötzlich stark ab. Die Klägerin war gerade von ihrem Sitzplatz aufgestanden, weil sie an der nächsten Haltestelle aussteigen wollte. Durch das Bremsmanöver verlor sie den Halt. Obwohl sie sich mit der rechten Hand noch an einer Haltestange festhalten wollte, stürzte sie rückwärts, fiel mit heftigem Schwung zu Boden, schlug dort mit ihrer rechten Körperseite auf und prallte mit dem Kopf gegen eine Trittstufe. Die Klägerin verlor infolge dieses Sturzes für ca. 5 Minuten das Bewusstsein und zog sich eine Gehirnerschütterung 1. Grades zu. Ferner erlitt sie eine Stauchung des rechten Handgelenks, eine Schulterprellung rechts sowie zahlreiche Hämatome an der rechten Oberkörperseite und am Gesäß.

Beweis: Ärztliches Attest des Hufeland-Klinikums Potsdam (Anlage K 1)

Die Klägerin befand sich anschließend bis zum 25.02.2015 in stationärer Behandlung. Bis zum 22.03.2015 war sie arbeitsunfähig krankgeschrieben.

Beweis: Entlassungsbericht des Hufeland-Klinikums Potsdam (Anlage K 2)

Die Gehirnerschütterung war mit Übelkeit, Erbrechen und Gleichgewichtsstörungen verbunden. Die Kopfschmerzen hielten noch ca. 2 Wochen nach Entlassung aus der stationären Behandlung an. Die äußeren Verletzungen waren erst ca. Mitte April 2015 verheilt.

Beweis: Ärztliches Attest der Frau *Dr.med. Katja Koch* (Anlage K 3)
Parteivernehmung der Klägerin

2.
Unfallursächlich war, dass der Beklagte zu 2) ein völlig unnötiges Bremsmanöver vollzogen hat und hierdurch seine Sorgfaltspflichten

verletzt hat. Er hat es versäumt, von dem vor dem Bus einscherenden Wohnmobil einen ausreichenden Sicherheitsabstand einzuhalten.

Beweis: Beiziehung der polizeilichen Ermittlungsakte, Polizeirevier Potsdam, Az. 15/55913-47

Die Beklagte zu 1) haftet als Halterin des fraglichen Busses.

3.
Im Zeitraum zwischen 27.02. und 20.04.2015 musste sich die Klägerin 4 Mal zur Nachsorge in ärztliche Behandlung begeben (s. Anlage K 3). Hierfür sind Fahrkosten von insgesamt 30,- € entstanden. Außerdem hat die Klägerin einen Eigenanteil von 250,- € an den Behandlungskosten tragen müssen, welche nicht von der gesetzlichen Krankenversicherung übernommen worden sind.

Beweis: Abrechnung der SANITAS-Krankenkasse (Anlage K 4).

Neben diesen Schäden hat die Klägerin Anspruch auf Ersatz eines angemessenen Schmerzensgeldes. In Anbetracht der unverantwortlichen Fahrweise des Beklagten zu 2) und der erheblichen Verletzungen der Klägerin, erscheint ein Betrag von mindestens 3.500,- € angemessen.

Weitere Vermögensschäden sind noch nicht vollständig absehbar. Aus diesem Grunde begehrt die Klägerin die Feststellung einer zukünftigen Ersatzpflicht. Den Wert dieses Antrages beziffern wir vorläufig mit 1.500,- €.

4.
Die genannten Beträge wurden durch anwaltlichen Schriftsatz vom 08.05.2015 gegenüber beiden Beklagten geltend gemacht, wobei Zahlung bis zum 03.06.2015 gefordert wurde.

Beweis: Schriftsatz vom 08.05.2015 (Anlage K 5).

Die Beklagten verweigerten allerdings eine Zahlung. Sie sind folglich auch zum Ersatz der vorgerichtlich angefallenen Anwaltskosten verpflichtet, die sich ausgehend von 3.780,- € Geschäftswert wie folgt berechnen:

1,3-fache Geschäftsgebühr	327,60 €
Auslagenpauschale	20,00 €
Nettobetrag	347,60 €
19% Mehrwertsteuer	66,04 €
Bruttobetrag	413,64 €

T. Körner
Rechtsanwalt

Es folgt die Verfügung des Gerichts über die Hinausgabe der Antragsschrift an die Beklagte mit Fristsetzung zur Stellungnahme

---

Rechtsanwalt
Dr. Friedrich Fuhrmann
Tristanstraße 2
14476 Potsdam

17.07.2015

An das
Landgericht Potsdam

Eingang: 20.07.2015

In Sachen

Schäder ./. Havelländer Verkehrsbetriebe u.a.

– Az. 12 O 3799/15 –

zeige ich die anwaltliche Vertretung der beiden Beklagten an. In deren Namen beantrage ich,

den Prozesskostenhilfeantrag zurückzuweisen.

B e g r ü n d u n g:

Die geplante Klage kann keinen Erfolg haben. Die Angaben in der Klageschrift über die Beklagte zu 1) als Verkehrsunternehmen und den

Beklagten zu 2) als Beschäftigten sind zutreffend. Allerdings hat der Beklagte zu 2) den Omnibus keinesfalls grundlos abgebremst. Vielmehr war er hierzu verkehrsbedingt und ohne eigenes Verschulden gezwungen. Es wird ausdrücklich bestritten, dass der Beklagte zu 2) keinen ausreichenden Sicherheitsabstand eingehalten haben soll.

Beweis: Verkehrsanalytisches Sachverständigengutachten
Parteivernehmung des Beklagten zu 2)

Auch die polizeilichen Ermittlungen haben nicht ergeben, dass der Beklagte zu 2) eine unnötige und damit pflichtwidrige Vollbremsung vorgenommen hat. Es ist nicht nachvollziehbar, wie die Klägerin die polizeilichen Ermittlungen in ihrem Sinne interpretieren kann.

Beweis: Beiziehung der polizeilichen Ermittlungsakte, Polizeirevier Potsdam, Az. 15/55913-47

Als Fahrgast war die Klägerin – wie sie auch wusste – verpflichtet, sich im Bus jederzeit ausreichenden und festen Halt zu verschaffen. Dieser Pflicht ist die Klägerin offensichtlich nicht in erforderlichem Maße nachgekommen, sonst wäre es nicht zum Sturz gekommen. Andere Fahrgäste haben das Bremsmanöver völlig reibungslos überstanden.

Den Beklagten zu 2) trifft daher mangels Fahrfehler von vornherein keine Haftung, gleich aus welcher Anspruchsgrundlage. Eine mögliche Haftung der Beklagten zu 1) dürfte hinter dem erheblichen Eigenverschulden der Klägerin zurücktreten. Ergänzend kommt hinzu, dass die Beklagte zu 1) ihre Busfahrer – darunter den Beklagten zu 2) – einem jährlichen Fahrsicherheitstraining unterzieht und damit ihrer Überwachungspflicht nachkommt.

Beweis: Herr *Peter Peschel*, zu laden über die Beklagte zu 1), als Zeuge

Etwaige Verkehrsordnungswidrigkeiten des Beklagten zu 2) sind der Beklagten zu 1) nicht bekannt. Auch der streitgegenständliche Vorfall ist diesbezüglich folgenlos geblieben.

Lediglich hilfsweise wird geltend gemacht, dass das geforderte Schmerzensgeld angesichts der geschilderten Umstände deutlich überzogen erscheint.

Zu den wirtschaftlichen Verhältnissen der Klägerin können sich die Beklagten naturgemäß nicht äußern.

Dr. Fuhrmann
Rechtsanwalt

Das Gericht hat die genannte polizeiliche Ermittlungsakte gem. § 118 II 1 ZPO beigezogen. Aus dieser ergibt sich, dass die Zeugin *Martina Meixner* zum Hergang des Unfalls vernommen worden ist und als einzige brauchbare Aussagen getroffen hat. Die Zeugin hat gegenüber der Polizei bekundet, dass sie selbst Fahrgast gewesen sei und im vorderen Teil des Busses mit Sicht durch die Frontscheibe gesessen habe. Sie könne nicht bestätigen, dass der Busfahrer den erforderlichen Sicherheitsabstand zu dem vor ihm fahrenden Wohnmobil nicht eingehalten habe. Die Geschwindigkeit des Busses vor der Vollbremsung schätzte die Zeugin auf ca. 10–15 km/h.

III. Bearbeitervermerk

1. Die Entscheidung des Gerichts über den Prozesskostenhilfeantrag **138**
   ist im Rahmen eines Kurzvortrags vorzuschlagen.
2. Die Formalien sind in Ordnung. Die in Bezug genommenen Anlagen haben jeweils den angegebenen Inhalt. Für erforderlich gehaltene gerichtliche Hinweise wurden gegeben.
3. Es ist davon auszugehen, dass die Klägerin nach ihren wirtschaftlichen Verhältnisse nicht in der Lage ist, die Kosten der Prozessführung aufzubringen. Die erforderlichen Nachweise wurden erbracht.
4. Potsdam ist Sitz eines Amts- und Landgerichts. Fehrbellin liegt im Bezirk des Amts- und Landgerichts Neuruppin.
5. Auf § 14 III der Verordnung über den Betrieb von Kraftfahrunternehmen im Personenverkehr (BOKraft) wird hingewiesen. Die Vorschrift lautet auszugsweise:
   (3) Im Obusverkehr sowie im Linienverkehr mit Kraftfahrzeugen sind die Fahrgäste außerdem verpflichtet,
   …
   2. zügig ein- und auszusteigen und dabei die besonders gekennzeichneten Türen zu benutzen,
   …
   4. sich im Fahrzeug stets einen festen Halt zu verschaffen,

...
Die gleiche Regelung findet sich in § 4 III 3 und 5 der Verordnung über die Allgemeinen Beförderungsbedingungen für den Straßenbahn- und Obusverkehr sowie den Linienverkehr mit Kraftfahrzeugen (BefBedV).

IV. Lösungsvorschlag

139 Ich berichte von einem Prozesskostenhilfeantrag, über den im Juli 2015 am *Landgericht Potsdam* zu entscheiden war. Antragstellerin ist Frau *Saskia Schäder* aus Werder an der Havel. Antragsgegner sind die *Havelländer Verkehrsbetriebe GmbH* aus Potsdam und Herr *Lutz Lenker* aus Fehrbellin. Die Antragstellerin beabsichtigt, wegen einer Körperverletzung Klage zu erheben. Sie hat dem Gericht eine Erklärung über ihre wirtschaftlichen Verhältnisse vorgelegt. Im Übrigen liegt folgender Sachverhalt zu Grunde:

Die Antragsgegnerin[226] zu 1) betreibt einen öffentlichen Verkehrsbetrieb mit Omnibussen. Der Antragsgegner zu 2) ist dort als Busfahrer beschäftigt. Er steuerte am Vormittag des 21.02.2015 einen Linienbus durch Potsdam. Einer der Fahrgäste war die Antragstellerin. Als die Antragstellerin gerade von ihrem Sitzplatz aufgestanden war, um an der nächsten Haltestelle auszusteigen, vollzog der Antragsgegner zu 2) eine Vollbremsung wegen eines vor dem Bus einscherenden Wohnmobils. Hierbei kam die Antragstellerin zum Sturz und prallte mit dem Kopf zu Boden. Sie verlor infolge dieses Sturzes für ca. 5 Minuten das Bewusstsein und zog sich eine Gehirnerschütterung 1. Grades zu. Ferner erlitt sie eine Stauchung des rechten Handgelenks, eine Schulterprellung rechts sowie zahlreiche Hämatome. Die Antragstellerin befand sich 4 Tage lang in stationärer ärztlicher Behandlung und war für ca. 1 Monat arbeitsunfähig. Sie litt unter Übelkeit, Erbrechen, Gleichgewichtsstörungen und Kopfschmerzen. Nach dem Krankhausaufenthalt begab sich die Antragstellerin noch 4 weitere Male in ärztliche Behandlung. Dadurch fielen 30,- € Fahrtkosten an. Außerdem hatte sie einen Eigenanteil der Behandlungskosten von 250,- € zu tragen.

Die Antragstellerin behauptet, der Antragsteller habe ein völlig unnötiges Bremsmanöver ausgeführt, weil er es versäumt habe, von dem

---

[226] Im Prozesskostenhilfeprüfungsverfahren empfiehlt sich diese Parteibezeichnung, obwohl im Aktenauszug von Klägerin ./. Beklagte die Rede ist.

vor dem Bus einscherenden Wohnmobil einen ausreichenden Sicherheitsabstand einzuhalten.

Die Antragstellerin meint, sie habe Anspruch auf ein angemessenes Schmerzensgeld von mindestens 3.500,- €. Zukünftige weitere Vermögensschäden seien noch nicht absehbar.

Die Antragstellerin beantragt,

> ihr für den ersten Rechtszug unter Beiordnung von Rechtsanwalt *Körner* aus Potsdam Prozesskostenhilfe zu bewilligen.

Im Rahmen der beabsichtigen Klage will die Antragstellerin beantragen:

1. Die Beklagten werden als Gesamtschuldner verurteilt, an die Klägerin ein angemessenes Schmerzensgeld, dessen Höhe in das Ermessen des Gerichts gestellt wird, zu zahlen nebst Zinsen hieraus in Höhe von 5 Prozentpunkten über dem Basiszinssatz seit 04.06. 2015.

2. Die Beklagten werden als Gesamtschuldner verurteilt, an die Klägerin 280,00 € nebst Zinsen hieraus in Höhe von 5 Prozentpunkten über dem Basiszinssatz seit 04.06.2015 zu zahlen.

3. Die Beklagten werden als Gesamtschuldner verurteilt, an die Klägerin vorgerichtliche Rechtsanwaltskosten in Höhe von 413,64 € nebst Zinsen hieraus in Höhe von 5 Prozentpunkten über dem Basiszinssatz seit Rechtshängigkeit zu zahlen.

4. Es wird festgestellt, dass die Beklagten als Gesamtschuldner verpflichtet sind, der Klägerin weiteren materiellen Schaden zu ersetzen, den diese aufgrund des Unfalls vom 21.02.2015 im Linienbus 350 der Beklagten zu 1) erleidet, soweit die Forderung nicht auf Sozialversicherungsträger oder Dritte übergegangen ist.

Die Antragsgegner beantragen,

> den Prozesskostenhilfeantrag zurückzuweisen.

Sie behaupten, der Antragsgegner zu 2) sei verkehrsbedingt und ohne eigenes Verschulden zum Bremsen gezwungen gewesen. Hingegen habe es die Antragstellerin versäumt, sich ausreichenden und festen

Halt zu verschaffen. Die Antragsgegnerin zu 1) habe ihre Busfahrer – darunter den Antragsgegner zu 2) – einem jährlichen Fahrsicherheitstraining unterzogen und sei damit ihrer Überwachungspflicht nachgekommen. Schließlich meinen die Antragsgegner, das geltend gemachte Schmerzensgeld sei deutlich überhöht.

Das Gericht hat die polizeiliche Ermittlungsakte des geschilderten Unfalls beigezogen. Auf Einzelheiten komme ich im Rahmen der rechtlichen Würdigung zurück.

Ich schlage vor, den Antrag auf Bewilligung von Prozesskostenhilfe zurückzuweisen. Dies ergibt sich aus folgenden rechtlichen Erwägungen:

Die beabsichtigte Klage hat keine hinreichende Aussicht auf Erfolg, § 114 S. 1 ZPO. Sie ist zwar zulässig, insbesondere ist *das Landgericht Potsdam* gem. § 20 StVG, § 32 ZPO örtlich zuständig. Jedoch erscheint eine Durchsetzung der geltend gemachten Schadensersatzansprüche – auch bei der gebotenen summarischen Prüfung und ohne überspannte Anforderungen zu stellen – nicht möglich.[227]

In Betracht kommt zunächst ein vertraglicher Anspruch gegen die Antragsgegnerin zu 1) aus § 280 I BGB in Verbindung mit dem Beförderungsvertrag, welcher durch das Einsteigen in den Bus zustande gekommen ist.[228] Indessen hat die Antragstellerin für einen nach § 278 BGB zuzurechnenden Fahrfehler des Antragsgegners zu 2) keinen geeigneten Beweis angetreten. Diese Tatsache ist streitig und damit beweisbedürftig. Die Antragstellerin hat diesbezüglich lediglich die Beiziehung der polizeilichen Ermittlungsakte angeboten. Aus dieser Akte, insbesondere der darin befindlichen Aussage der Unfallzeugin *Meixner* ergibt sich jedoch nicht, dass der Antragsgegner zu 2) eine unnötige und damit pflichtwidrige Vollbremsung vorgenommen hat. Vielmehr ist der polizeilichen Vernehmung der Zeugin zu entnehmen, dass der Bus verkehrsbedingt abgebremst werden musste. Anhaltspunkte für einen nicht ausreichenden Abstand zum vorausfahrenden Fahrzeug und damit einen Verstoß gegen § 4 I 1 StVO ergeben sich nicht. Darüber hinaus spricht die von der Zeugin geschätzte Geschwindigkeit des Busses von ca. 10–15 km/h gegen eine Pflichtverletzung des Antragsgegners zu 2). Es ist somit nicht zu erwarten, dass die

---

[227] Vgl. zur hinreichenden Erfolgsaussicht BGH NJW 1994, 1160 (1161).
[228] Palandt/*Sprau*, vor § 631 Rn. 17a.

Antragstellerin die anspruchsbegründenden Tatsachen für einen vertraglichen Schadensersatzanspruch gegen die Antragsgegnerin zu 1) im Klageverfahren wird beweisen können.[229]

Entsprechendes gilt für deliktische Ansprüche gegen die Antragsgegnerin zu 1) aus § 831 BGB sowie gegen den Antragsgegner zu 2) aus § 823 I und II BGB. Mangels unerlaubter Handlung des Antragsgegners zu 2) kommt es auf den Entlastungsbeweis nach § 831 I 2 BGB nicht an.

Denkbar ist ferner eine Gefährdungshaftung der Antragsgegnerin zu 1) als Halterin des Busses gem. § 7 I StVG sowie eine Haftung des Antragsgegners zu 2) aus § 18 I StVG. Zweifellos und unstreitig ist die Antragstellerin beim Betrieb eines Kraftfahrzeugs verletzt worden. Als Insassin fällt die Antragstellerin auch in den Schutzbereich der genannten Normen, wie sich im Umkehrschluss aus § 8a StVG ergibt. Problematisch ist hier jedoch ein Mitverschulden der Antragstellerin, §§ 9, 18 I 1 StVG, § 254 I BGB. Denn dem Fahrgast eines Linienbusses obliegt es grundsätzlich, unter Vermeidung eigener Gefährdung für seine Sicherheit zu sorgen und sich, soweit dies möglich ist, ausreichend Halt zu verschaffen.[230] Er muss jederzeit auch mit einem scharfen Bremsen des Busses rechnen.[231] Dies folgt aus § 14 III Nr. 4 BO-Kraft und § 4 III 5 BefBedV.[232] Auf die Einhaltung dieser Verpflichtung darf der Fahrer eines Linienbusses zwar grundsätzlich vertrauen.[233] Dass die Antragstellerin hiergegen verstoßen hat, ist durch die Antragsgegner allerdings darzulegen und zu beweisen.[234] Dabei könnte ihnen ein Anscheinsbeweis zugutekommen, so auch im vorliegenden Fall.[235] Bei einem Sturz im öffentlichen Personennahverkehr entspricht es nach meinem Dafürhalten einer Erfahrung des täglichen Lebens, dass der Sturz auf einer Unachtsamkeit des Fahrgastes beruht.[236] Umstände, die dieser Annahme entgegenstehen, sind nicht gegeben, insbesondere sind andere Fahrgäste nicht gestürzt.

Fraglich ist aber, wie dieses Mitverschulden der Antragstellerin zu gewichten ist. Denn es ist zu berücksichtigen, dass Halter und Fahrer eines Kraftfahrzeugs grundsätzlich für die vom Fahrzeug ausgehende

---

[229] Vgl. zur Beweislast KG VRR 2011, 64.

[230] BGH NJW 1993, 654, 655; OLG Hamm NJW-RR 1998, 1402, 1403.

[231] KG NZV 2011, 197.

[232] Vgl. Bearbeitervermerk Nr. 5.

[233] OLG Bremen NZV 2011, 540; OLG Koblenz r+s 2000, 498.

[234] Palandt/*Grüneberg*, § 254 Rn. 72 m.w.Nachw.

[235] Vgl. zum Anscheinsbeweis *Jäckel*, Das Beweisrecht der ZPO, 2. Aufl. 2014, Rn. 750 ff.

[236] KG NZV 2012, 182 (183); OLG Bremen NZV 2011, 540; OLG Hamm NZV 2000, 209.

Betriebsgefahr einzustehen haben. Die Antragstellerin hat lediglich vorgetragen, dass sie sich im Zeitpunkt der Vollbremsung an einer Haltestange festhalten wollte, nicht dass sie sich tatsächlich festgehalten hat. Die Vermeidung eines Sturzes bei plötzlichem ruckartigem Anfahren oder Bremsen war damit trotz der verhältnismäßig geringen Geschwindigkeit des Busses nicht gewährleistet. Die Antragstellerin hat auch keine tragfähigen Gründe dafür vorgetragen, warum sie nicht abgewartet hat, bis der Bus an der nächsten Haltestelle zum Stehen gekommen ist. Meiner Meinung wiegt das Verschulden der Antragstellerin so schwer, dass die einfache Betriebsgefahr des Linienbusses gänzlich zurücktritt.[237] Sie ist auch deshalb als gering anzusehen, weil der Bus unmittelbar vor dem Bremsvorgang mit verhältnismäßig geringer Geschwindigkeit gefahren ist.[238]

Somit scheiden Ansprüche aus § 7 I bzw. § 18 I StVG ebenfalls aus.

Auf die Mutwilligkeit der Klage und die wirtschaftlichen Verhältnisse der Antragstellerin muss nicht näher eingegangen werden.

Das Gericht entscheidet gem. § 127 I 1 ZPO ohne mündliche Verhandlung durch Beschluss, für den ich abschließend folgenden **Tenor** vorschlage:

> Der Prozesskostenhilfeantrag der Antragstellerin wird zurückgewiesen.

Der Beschluss ist dem Antragstellervertreter zuzustellen, §§ 127 II 2, 329 III ZPO.

Vielen Dank für Ihre Aufmerksamkeit.

V. Ergänzende Bemerkungen

140 Der Fall könnte sich in ähnlicher Weise auch in einer Straßenbahn abgespielt haben. Dann gilt anstelle des StVG die Gefährdungshaftung nach § 1 HPflG.[239]

Wie schon im vorhergehenden Übungsfall ist auch hier eine andere Gewichtung des Mitverschuldensanteils vertretbar.[240] Denn nach An-

[237] KG NZV 2012, 182 (183); OLG Bremen NZV 2011, 540; OLG Frankfurt NZV 2011, 199; OLG Düsseldorf VersR 2000, 70.

[238] Anders bei deutlich höherer Geschwindigkeit von 45 km/h OLG München NZV 2006, 477.

[239] So etwa bei KG NZV 2010, 570; Rechtsprechungsübersicht zu Unfällen mit Omnibussen bei *Filthaut* NZV 2013, 68 und *Rebler* MDR 2011, 457.

sicht einiger Gerichte kann einem Fahrgast nicht ohne weiteres vorgeworfen werden, dass er bei Annäherung an die Haltestelle, an der er aussteigen will, aufgestanden ist und seinen Sitzplatz verlassen hat.[241] Es kommt nur auf eine tragfähige Begründung an. Dann muss sich der Kandidat aber auch mit der Höhe der Klageforderung, insbesondere des Schmerzensgeldes, auseinandersetzen. Sollte er dies erheblich niedriger bewerten als in der Klageschrift gefordert, stellt sich die Frage nach der sachlichen Zuständigkeit des Landgerichts (§§ 23 Nr. 1, 71 I GVG). Im Klageverfahren richtet sich der Streitwert für einen unbezifferten Schmerzensgeldantrag nach dem Betrag, den das Gericht aufgrund des Klagevorbringens für angemessen hält (§ 3 ZPO), wobei der geforderte Mindestbetrag i.d.R. nicht unterschritten werden kann.[242] Ist die Klage noch nicht erhoben, hat das Landgericht bei Erfolgsaussichten unterhalb seiner Zuständigkeitsgrenze die PKH insgesamt zurückzuweisen, sofern keine Verweisung in Betracht kommt.[243]

Im Fall selbst oder im anschließenden Vertiefungsgespräch könnte als weiteres Problem aufgeworfen werden, dass die in der polizeilichen Akte genannte Frau *Meixner* seitens der Antragstellerin förmlich als Zeugin benannt worden ist. Dann muss zur Frage der (zulässigen) Beweisantizipation im PKH-Prüfungsverfahren Stellung genommen werden.[244]

---

[240] Vgl. etwa KG NZV 2011, 197; wie hier ferner OLG Frankfurt NZV 2002, 367; LG Gießen VRS 103, 6; LG Wiesbaden NZV 2011, 201.

[241] OLG Hamm NJW-RR 1998, 1402.

[242] OLG München VersR 1995, 1117; KG NZV 2011, 88.

[243] BGH NJW-RR 2004, 1437; OLG Frankfurt NJW-RR 1995, 899.

[244] BVerfG NJW 1997, 2745; ausführlich *Jäckel* (o. Fn. 235), Rn. 88 ff.

Kurzübersicht 1. Aufbau und Zeiteinteilung

Abschließend soll der grundlegende Aufbau eines Aktenvortrags 141
noch einmal grafisch dargestellt werden. Hinzu kommen Angaben zum zeitlichen Ausmaß der einzelnen Abschnitte. Dabei liegt eine Vortragsdauer von zehn Minuten zugrunde. Wie immer verstehen sich die Angaben nur als Anhaltspunkt. Je nach Fallkonstellation sind leichte Abweichungen möglich. Die Höflichkeitsbekundungen zu Beginn und am Ende dürfen natürlich nur wenige Sekunden ausmachen und fallen beim Zeitgefüge daher nicht ins Gewicht.

Begrüßungsformel → Rn. 47	---
Einleitung → Rn. 48 ff.	30 Sekunden
Sachbericht → Rn. 52 ff.	3 Minuten
Kurzer Entscheidungsvorschlag → Rn. 62	10 Sekunden
Rechtliche Würdigung → Rn. 63 ff.	6 Minuten
Vollständiger Entscheidungsvorschlag (Zusammenfassung) → Rn.70 ff.	20 Sekunden
Dank für die Aufmerksamkeit → Rn. 73	---

Kurzübersicht 2. Das Wichtigste auf einen Blick

142

Kriterien für Inhalt, Aufbau, Umfang, Formulierungen:
Sachdienlichkeit, Übersichtlichkeit und Verständlichkeit

1. Einleitung
zwei bis drei Sätze
Welche Vortragssituation, wo, welche Parteien?
Streitgegenstand
Welche Entscheidung steht an?
weitere Details nur, falls nützlich

2. Sachbericht
max. 1/3 der Vortragsdauer
knappe Darstellung des wesentlichen Sachverhalts
grundsätzlich keine Rechtsansichten
Details nur, soweit notwendig, im Übrigen Pauschalierungen und Verweis auf die rechtliche Würdigung

3. Kurzer Entscheidungsvorschlag

4. Rechtliche Würdigung
ca. 2/3 der Vortragsdauer
nachvollziehbare Begründung des eigenen Vorschlags
keine Alternativlösungen
verknappte Gutachtenform (Misch-Stil)
Selbstverständliches nur kurz, problematisches umfangreicher

5. Vollständiger Entscheidungsvorschlag
wörtlich im Manuskript niederschreiben

Stichwortverzeichnis

Die Angaben beziehen sich auf die Randnummern des Buches.